大人はもっと遊びなさい

仕事と人生を変えるオフタイムの過ごし方

PHP
Business Shinsho

Makoto Naruke
成毛　眞

PHPビジネス新書

はじめに ――真面目に働いている人ほど、遊んだほうがいい

大人はもっと、遊ぶべきだ。

そう言うと、「遊ばないのは時間やお金がないからだ」などと、いくらでも遊ばない理由を挙げる人もいるだろう。中には「遊びは役に立たない」「何のメリットも生まない」と言う人もいるに違いない。じつに大人らしい考察だ。

しかしそういう人に限って、漫然とＳＮＳの画面を眺めることに時間を費やしたり、長い行列に並んでラーメンを食べてみたりしている。

そうすることが心から好きなのであれば、それを非難するつもりはない。しかし、大半の人が「ほかにすることがないから」「流行《はや》っているから」といった理由でそれを選択している。要するに、自主的に遊び、楽しむことができない人が、こういった行為に流れているのだ。

もしかすると、ＳＮＳに意味を見出せずにいるかもしれないし、ラーメンよりもオムライスのほうが好物なのかもしれないのに、中途半端な時間の使い方をしているのである。そして、遊びのコストパフォーマンスの低さを語っている。奇妙なことである。

そもそも、遊びに出合ったばかりの子どもは、コストパフォーマンスなどを考えては遊ばない。むしろ、砂場で山を築いては崩すというコストパフォーマンスゼロの遊びにも積極的かつ勇猛果敢《ゆうもうかかん》に取りかかる。それが楽しいと知っているからだ。

私にしてみれば、受け身で時間を潰している人に比べれば、その子どものほうがよほど生産的に思える。なぜなら、自分は何が好きかをわかっていて、何をすれば自分が楽しいと思えるかを知っているからである。「気づき」とか「メリット」とか「リターン」などはどうでもよく、前向きに遊ぶのが子どもなのだ。

私は、だからこそ大人に、遊びが必要だと思っている。

遊べば、自分に「好きなこと」があることがわかる。これは嬉しいことだ。

そして、好きなことをしていれば、当然、嬉しい。苦しみながら好きなことをするという人は、広い世界を探せば何人かは見つかるかもしれないが、数えるほどだろう。

さらに、好きな遊びはいつ始めてもいつ止めても構わないし、誰にも迷惑をかけない。社運を賭けたプロジェクトなどとは違って、自由気ままに取り組めるのだ。完全に自分でコントロールできるのが、遊びなのである。主体的に生きたければ、人間、ともかく遊ぶべきなのだ。

しかも、仕事に真面目で勤勉な人ほど、いい加減に遊んだほうがいい。いい加減という言葉が適切でなければ、子どものように遊んだほうがいい。

大人らしく振る舞うことを求め続けられてきた大人は、いざ遊びの場面でも大人らしくなりがちだ。つい、節度を持って、遊んでしまう。そうでなければ、羽目を外して遊びで身を持ち崩す。しかし、遊びで身を持ち崩す子どもはいない。

その意味でも、遊びはただただ、子どものように遊べばいいのである。

それに、このあとで書いていくように、人は遊ぶようにできている。だから、大人であることを理由に遊ばないのも、大人びた遊びをしようとするのも、じつに不自然だ。子どもマインドで、興味を持てる遊びだけをすればいい。

そうしていくうちに、じつは仕事も、さほど真面目で勤勉である必要がないということとに気がつくだろう。

もちろん、外科医が手術を不真面目に行ったり、勤務中の警察官が勤勉でなかったりしたらそれは困るのだが、私が言いたいのは、起きている時間のすべてを仕事に注ぐような生き方は、しなくていいということだ。そんな人生、はたして楽しいだろうか。

だからといって、人生を賭けるような遊びはしなくていい。単身で北極点を目指したり、アマゾン川をカヌーで下りきったりする必要もない。もしもそれをどうしてもしたいなら応援したい気持ちもあるが、「それくらいのスケールの遊びをしなくては」と思い込む必要はまったくありませんよ、と言いたい。

そう思い詰めてしまうのは、大人になりきっている証拠。子どもの頃を思い出してほしい。遊びはチャラくていいのである。

私は学生時代も、マイクロソフトに入ってからも、そこで社長になってからも、退社して起業し、ノンフィクションの書評サイト『HONZ』を立ち上げてからも、何らかの形でずっと大人げなく遊んできたし、今も遊んでいる。

「成毛さんは多趣味ですね」と言われることもあるが、その指摘には首をかしげたい。

多趣味という言葉には、その多くの趣味がセミプロレベルに達しているという雰囲気がそこはかとなく感じられるからだ。

私は確かに多くの遊びを経験してはいるが、どれ一つとっても頂点を極めようと思ったことはない。

たとえば、ゴルフは長年続けている遊びだが、シングルではないし、それを目指してもいない。プラモデルづくりも好きだが、しかし、未完成のまま放置してあるプラモデルの数は、完成させたものの数よりはるかに多い。

それでも、ゴルフもプラモデルづくりも好きだから、断続的に続けている。

繰り返しになるが、遊びだからそれでいいのだ。もう一度言う。遊びはチャラくていいのである。

成熟した日本社会の中でそうやって遊んでいる大人は、少ない。だから際立つ。際立とうとして際立つのではなく、自然とそうなってしまうのである。

そして周りを見回すと、そういう人に限って、ビジネスでも成功を収めていることが多いのだから不思議と言うほかはない。そのための方法が、子どもらしく遊ぶことなのだから、これをしないという選択はないだろう。
この本は、そう広く提案するつもりで書いたものである。

大人はもっと遊びなさい◉目次

第1章 できる大人は、遊んでいる

第2章 真面目に遊ぶな

第3章 成毛流・新しい遊びの始め方

第4章 ずらせばずらすほど遊びは面白い

第5章 誰かに語るまでが遊びである
――キュレーションする作法

第1章

できる大人は、遊んでいる

■現代は〃遊んでいた人〃の時代
――イーロン・マスク、ジェームズ・ダイソンを見よ

「せまい日本そんなに急いでどこへ行く」は、昭和四十八（一九七三）年の全国交通安全運動のスローガンだ。

いかにも交通事故の増加が社会問題になっていた時代らしい標語だが、つまり、多少急いだところで目的地への到着時刻はさほど変わらないから、もっとゆっくり運転しましょうというわけだ。これには私も賛成だ。

人生にも同じことが言える。「短い人生そんなに働いてどうするの」――冒頭から字余りで恐縮だが、「働いて」は「勉強して」にも置き換えられる。働くことや勉強することが悪いとは言わないし、それらは豊かな人生を送るのに必要不可欠なことでもある。しかしそれにしても、人間、もっとほかにやることがあるのではないかと思う。

それこそが遊びである。

今はまさに、〝遊んでいた人〟の時代である。

遊んでいたと言っても、いわゆる酒と女と博打《ばくち》という昭和のおじさんの遊びではなく、幼い頃にしていた、子どもじみた遊びである。「もうそろそろ止めなさい」と言われても止めず、寝食を忘れ、時間の経《た》つのを忘れて自分の世界にのめり込む遊びのことだ。

世界を牽引するイノベーターを見てみよう。

鬼籍に入《い》ったスティーブ・ジョブズは、まさに子どものような人だった。

つくるプロダクトは、アップルの「製品」というよりは彼が心から好きな「作品」であったし、プロダクトやプロジェクトを巡って人とぶつかれば、本気でケンカをして相手をその場から退場させることも、自分が退場することもあった。だからこそ、多くの人を魅了するいいものをつくれたのだと思う。

電気自動車テスラの製造販売をするイーロン・マスクもじつに子どもっぽい。

電気自動車は、彼が生まれる頃にサイエンス・フィクション（ＳＦ）の世界で描かれていた夢の乗り物だが、その夢の乗り物を本気で目指し、実現してしまった。また、かつてはＳＦの世界だけの話だった民間企業による宇宙開発にも、彼は真剣に取り組んでいる。「僕は将来、宇宙のすごい人になるんだ！」と言っていた子どもが、そのまま大人になったかのようである。

宇宙を本気で目指している人物は日本にもいる。ホリエモンことザ・子どもの堀江貴文だ。世の中を変えるのは、子ども心を忘れない、大人げない大人なのだと実感させられる。

若い人はご存じないかもしれないが、かつてSFを読むことは遊びと見なされていた。高尚な古典や純文学に比べると、妄想が描かれた時間潰しに過ぎない物語だと思われていたのだ。

しかし、イーロン・マスクもフェイスブックのマーク・ザッカーバーグも、またマイクロソフトのビル・ゲイツも、若い頃にSFを読んでいた。そこで繰り広げられる物語に胸を躍らせながら妄想力を高め、その作品に描かれた世界を自分の力で実現したいと考えたのではないか。彼らの現在を見ていると、そう思わざるを得ない。

一方で、SFを読まずに教科書や参考書ばかりを読んでいた子どもはどうだろうか。真面目で、しっかりしていて、礼儀正しい大人になっているに違いないが、妄想力がなく、たとえば個性的なフォルムと高い吸引力を誇るダイソンの掃除機や、恐ろしくおいしいトーストが焼けるバルミューダのトースターのような、奇想天外な、しかし素晴らしい製品をつくろうという気持ちにはならず、当然のことながら、実行もしないだろう。

ちなみにジェームズ・ダイソンは子どもの頃、勉強はあまりできなかったが音楽や美術に興味があり、ランニング大会の景品でラジオをもらったことが嬉しかったと自伝で語っている。バルミューダの寺尾玄《げん》氏は一時期、音楽のプロを目指していた。

やはり今の時代は、〝遊んでいた人〟の時代なのである。しかも、いかにも大人の遊びではなく、多くの大人が眉をひそめるような、子どもっぽい遊びを大事にしてきた人の時代だ。

■問題は都市部で忙しく働いている人

世界を変えるイノベーターから日本の地方へと目を転じると、仕事はそこそこに、ワーク・ライフ・バランスのライフの部分を楽しんでいる人がじつに多いことがわかる。

週末になると釣りに行ったりハイキングに出かけたり、平日も早めに家に帰って電子工作をしたり料理をしたりという人が少なくない。子どもの遊びとは言いきれないようなものもあるが、子どものように無邪気にそして熱心に遊んでいる。そうして幸せな暮らしをしている。

「遊びをせんとや生《うま》れけむ、戯《たはぶ》れせんとや生《むま》れけん、遊ぶ子どもの声きけば、我が身さえこそ動《ゆる》がるれ」

これは『梁塵《りょうじん》秘《ひ》抄《しょう》』の有名な一説で、意味はというと、遊んでいる子どもの声を聞くと、こちらの体もつい動いてしまうといったところだろう。人間は何のために生きているかという疑問は太古の昔からあるもので、さまざまな哲学者はその答えを模索してきたが、私はこれに尽きると思う。

人は遊ぶために生まれてきた。だからこそ、人はいくつになっても遊びたいのである。平日も週末もしっかり遊んでいる人は、人間の本能に素直に生きているということになる。

問題は、そうではない人だ。

具体的に言えば、平日は仕事に追われ、週末は疲労回復に努めている、都市部で忙しく働いている人である。彼ら彼女らは、欲求にあらがって無理をしている。仕事をリタイアしたらツケを取り戻す勢いで遊ぼうと思っているのかもしれないが、実際に定年退職し、仕事がなくなったときに呆然とする。

これはもう何年も前から言われていることだが、仕事に夢中になっていた人が退職後、抜け殻のようになってしまうことは珍しくない。膨大な時間を手に入れて、何をしたらいいのかわからなくなってしまうのだ。その戸惑いは、大海原に浮かんだ手こぎボートに突然、一人で乗るかのようだ。まずどこへこぎ出したらいいか、それ以前に、どうやってこぐのかがわからない。

仕事ばかりしていると、退職後に控えている、もしかすると退職前よりも長いかもしれない人生を、もてあましてしまうことになる。

だから今から、退職後も続けられる遊び・趣味を見つけておいたほうがいい。ボートで海を渡るなら、どこからどこまで、どこを経由していくか見当をつけておくのである。そして少しはオールの扱い方を練習しておいたほうがいい。どうすればボートが前に進むのかくらいは、若いうちから知っていて損はないのだ。

これからの時代は、〝遊んでいる人〟の時代だ。時代に取り残されたくなければ、資格を取ったり勉強会に参加したりMBAに通ったりするのではなく、遊ぶことだ。

■急いで成長すると、そこからの人生は余生になってしまう

余生という言葉がある。老後の人生のことを指す。今から遊んでおくことは、この余生を彩り豊かなものにする。

中には、年齢的には若くても、もはやまるで余生を生きているような人もいる。

こういった人たちはおしなべて飲み込みが早く、仕事がそこそこできるタイプだ。仕事面で成長しきってしまっていて、これから良い方向へ変わる余地が残されていない。だから仕事のことが繰り返される使役のように感じられ、定年退職までの時間が、果てしなく憂鬱に感じられる。単なるルーティンワークに陥《おちい》ってしまうのである。

一方で、仕事の飲み込みが今一つ遅い人は、いくつになっても必ずどこかしら成長している。

その人を雇用している会社にとってはあまりいい話ではないが、本人は成長しているという実感を、強く得られているに違いない。常に、昨日の自分より今日の自分のほうが成長していると思えるからだ。できなかった二桁のかけ算ができるようになったときの喜びのようなものを、日々、感じられるからだ。

もし、今、若くして余生のような人生を過ごしているのなら、それ以上老け込まないために、成長の余地を自分に設ける必要がある。

何によってかというと、遊びで、である。

なぜなら、遊びでならば上達が遅くても誰にも迷惑がかからないし、そもそも遅いほうが長く楽しめるからだ。すぐにある程度のところまで成長してしまうと、そこから先は、なかなか成長できないことに悶々《もんもん》としかねない。だからゆるゆると、ときにはサボりながら、少しずつ上手くなったり、できることを増やしたりしていくのがいいのである。

ここで頑張り過ぎて効率良く、脇目も振らずに最短距離で高みを目指し、それを実現してしまうようなら、それではまるで仕事である。

そこで成長しきったら、新たに成長の余地を探さなくてはならない。しかし、ゆっくりと脇目を振りまくりながら取り組んでいると、派生的に面白そうな遊びが見つかるので、成長の余地は自動的に広がっていく。

人生の余生化を防ぐのは、これから成長する余地なのである。

■初心者こそが最強だ

人間は、最初はどんなことについても初心者だ。人間は、あらゆることを初体験してから経験者となっていく。経験すれば、以前より高い成果を自分も周りも求めるようになる。何についてもそのように、人間と世の中はできている。

であるから、初心者こそが最強だ。

以前よりそれが下手になることは絶対にないし、ひたすら上手くなるしかないスタート地点にいるのが初心者だからだ。これまでやったことのない遊びがたくさんあるという人は、それをラッキーに思ったほうがいいかもしれない。未体験のことを多く持っている人は、これから数多くの未知の扉を開いていける。大抵の分野に先駆者がいることは、あまり気にしなくていい（このあとの項で詳しく書く）。所詮は遊びなのだから、自分のペースで楽しめばいいのである。

私の知り合いに、子どもの頃からあまり映画を観てこなかったという人がいる。友人たちが映画の話を始めると、まったく話についていけず、困っていたそうだ。ところが、その友人のうちの一人に「ということは、まだまだこれからたくさんの名作を初めて観る喜びを味わえるということだね」と言われ、目からウロコが落ちたという。

遊びには、続けているからこその楽しみがあるのは確かだ。しかし、初心者には初心者の楽しみ方がある。何も知らない子どものように素直に「すごい」とか「びっくりした」とか「これは好きじゃない」と直感的に言えるのは、初心者の強みである。

だから、多くの人がすでに経験している遊びを今から始めることを、ためらう理由はどこにもない。やってみたいと思ったら、その気持ちに素直になってやってみればいいのである。

グランマ・モーゼスというアメリカの女流画家をご存じだろうか。彼女は百一歳で亡くなるまでに約一六〇〇点の作品を残したが、絵を描き始めたのは七十五歳を過ぎてから。リウマチが悪化し、それまで趣味にしていた刺繡《ししゅう》をするのが難しくなって、油絵に転じたのだ。

描き始めて三年経ったところで作品がコレクターの目に留まり、あれよあれよという間に有名画家となった。彼女は短期間で上達しようとも、絵で稼ごうとも思っていなかっただろう。しかし、好きだった刺繍をあきらめて涙に暮れ続けるのではなく、初心者だった絵に何の抵抗もなく取り組んだことで、数奇な人生を手に入れた。

ここで大事なのは、彼女が画家として成功を収めたということではない。新たな一歩を踏み出すことを、ためらわなかったということだ。

■遊びに勝ち負けを持ち込んではならない

「遊んだほうがいいのは、うすうすわかっていた」という人もいるだろう。私に「もっと遊べ」と言われるまでもなく、無趣味であることに悩んでいる人も少なくないはずだ。「趣味は何ですか」と聞かれて答えられない人は案外、多いのではないか。その中には、実際に無趣味な人もいるだろうし、好きなことを「趣味」と公言するのにためらいがある人もいるだろう。

年に二回サーフィンをする、月に一度、楽器に触れる。そういった人は、サーフィンを二十年間続けていますとか、休日には地元のオーケストラでビオラを弾いていますといった話を聞くと、「負けた」と思ってしまうのだ。

だからこそ、〝ちゃんとした〟趣味を持ちたいと焦ってしまう。人に誇れる〝立派な〟趣味がないことを、恥じてしまう。

趣味を問われて、つい「特にありません」と言ってしまう人が少なくないのは、生真面目で、常に上級者がいることにおびえているからだ。

映画鑑賞を趣味と言うからには、せめて『第三の男』と『七人の侍』などの古典は観ておかなければと思ってしまう。それどころか、フランシス・コッポラの作品はすべて観ておくべきでは？　やはりクエンティン・タランティーノの作品くらいは押さえておかないと……などと考えてしまう。上級者に、「えっ、観てないの？（それで映画鑑賞が趣味だとでも言うつもり？）」と言われるのが怖いのだ。だから、映画が好きだと思っていても「自分の趣味です」と口にしにくい。

何かのコレクションをしている人でも、自分とは桁違いのコレクションを持っている人の前では、沈黙してしまう。別に、それで人間の序列が決まるわけでも何でもないのだから、好きなものの話をすればいいのに、あたかも、流暢《りゅうちょう》に英語を話す日本人の前では口をつぐんでしまう、片言の英語しか話せない日本人のように寡黙になる。

その点、私は無趣味であることを誇りに思っているし、そのときに気になることがあれば「今、ハマっているのはこれです」と言ってしまう。言ってしまうどころか、楽しくその話をして回り、仲間を増やそうとすらする。

なぜなら、遊びとはその程度のものだと思っているからだ。

遊びに優劣はない。ねばならないもない。好きに楽しめばいいのである。

私はノンフィクションの書評サイト『HONZ』を主宰しているが、これは、本は好きなものを好きに読むのが一番だと思って始めたものだ。やれ古典だとか、やれ大作家だとか、ベストセラーだとかいうことは、重要ではない。

単に面白いと思う本を読むことが楽しいので、その面白さを、同じ考えを持っている人と共有したいと思ってスタートさせたのがHONZなのである。読書は高尚な趣味であるどころか勉強の手段で、難しい本をたくさん読んでいるほうが偉いと思い込んでいる人が多いからこそ始めた逆張りのサイト、それがHONZだ。

その視点で趣味と言われるものを見回してみると、いくらでも新しい視点で面白がれるし、楽しめる。

独自の解釈が評価されている三省堂の『新明解国語辞典』によると、「趣味」とは、
一、そのものを深く知ることによって味わえる、独自の良さ。
とあるが、私の中での趣味は、解釈の二のほうである。
二、［利益などを考えずに］好きでしている物事。
作曲家の名前を知らなくてもクラシック音楽鑑賞を好きだと言ってもいいし、あまり持っていなくてもスニーカー集めを楽しんでいると言ってもいい。好きなことを楽しむのに、ルールはないのである。

それでもなお「趣味」と公言するのがはばかられると思うなら、「最近ハマっている遊び」と言い換えてはどうだろうか。これなら、勝ち負けは関係ない。自由気ままに遊んでいるうちに、それが自ずと趣味になる。

遊びは誰かと競うべきものではない。

ただ、知っておいたほうがいいことがある。それは、上には上がいるということだ。

私はこれまでかなりの時間を読書に割《さ》いてきたので、本を読むのが好きだとは言うし、最近読んで面白かった本の話もわりと大きな声でするが、誰よりもたくさん本を読んでいるとは絶対に言わない。それは、私の周囲という限られた範囲だけでも、確実に私よりたくさん読んでいる人がいるからだ。

数を競うものではないのだが、より多く読んでいる人の前で「たくさん読んでいる」と言ってしまうのはやはりどこか恥ずかしい。

■遊ぶ時間を捻出するには……

これまで遊んでこなかった人が遊ぶとき、まず必要なのは時間である。よく、趣味に割ける時間がないという人がいるが、その原因は明らかだ。仕事のし過ぎなのである。

もちろん、世の中には没頭すべき仕事が存在し、それに時間を惜しまず集中すべき人がいるのは確かだ。

しかし、もうある程度、社内での自分の立ち位置がわかっていて、出世も昇進もあまり見込めないのなら、仕事はクビにならない程度に手を抜いたほうがいい。手を抜くという言葉が良くなければ、工場や工事現場に勤務しているように働くと言えばいいだろう。つまり、勤務時間中は一生懸命働き、終業時間になったらさっと切り上げる。

それは決して、悪いことではない。高度成長期ならいざ知らず、仕事に全身全霊を捧げたところで、多くの人にとってリターンはそれほど大きくない。ほどほどの仕事をして、ほどほどに生きるという選択肢も大いにあるはずだ。

私がマイクロソフトの社長になったのは三十五歳のときだ。仕事は面白く体力も充実していて、こんなに楽しい人生はほかにないだろうと思っていた。若い頃にはなかったお金も手に入るようになっていたので、忙しい合間を縫って旅行をするなど、遊びの面でも手を抜くことがなかった。

その頃、高校の同級生と話をすることがあった。彼は地元の札幌で公務員になっていて、いわゆる9 to 5の仕事をしていた。平日も家に帰ってから十分な時間があるし、週末は子どもとカヌーに乗ったりバーベキューを楽しんだりしているという。

その話を聞いて、私は私なりに十分に楽しい人生を送っているのにもかかわらず、「そういう人生もありだな」と素直に思った。うらやましくも思ったのだ。

地方でゆっくりとワーク・ライフ・バランスのライフに重きを置いて生きるのも、都会で多忙を極めてワークにいそしみ、そこで得たお金を使ってライフを充実させるのも、どちらもいいなと思ったのだ。

問題は、ワークにいそしんでも十分にライフを充実できない環境にある場合だ。特に、遊びのバリエーションが豊かな都市部で、その遊びに使う時間と経済力を持てない人は、せめて時間だけでも手に入れるという選択をしてもいいのではないか。

人生の大きな選択なので、よく考えて決断してほしいが、選択肢があるということを知っておくのは悪くないことだ。

もし私が今、人生をやり直すなら、博多あたりで仕事をしながら、大いに遊んで過ごしたいと思う。東京と違ってコンパクトにまとまった街のほうが、遊びに適しているような気がするのだ。

■まずは仕事の延長で遊ぶ

一度、遊ぶ時間をつくってみると、自分があまりに暇なことに驚くはずだ。何もしないでぼーっと過ごすにも限界がある。そのうち必ず、何かをしたくなる。

ただ、だからといって自由に遊びましょうと言われても、何で遊んだらいいのかわからず、戸惑うだろう。

そういう人はまず、仕事に関連する遊びを見つけてみたらいいと思う。

たとえば、パン製造会社勤務なら、本職のパンとは少しずれた、近所のスーパーで売っているすべてのプレーンヨーグルトを食べ比べてみるとか、コンビニのコーヒーを飲み比べてみるとか、そういったじつに手軽なことから始めるのだ。

そんなことは普段からやっているかもしれないが、それを遊びだと意識し、楽しんでやろうと思うと、味わい方が変わってくる。

酸味はどうか、甘みはどうか、香りはどうかといったことを比べ、ランキングしたくなるだけでなく、人に違いを説明するならどうするかということまで考えたくなる。これはもう、立派な遊びである。

私は食品会社に勤めたことは一度もないが、アマゾンで買える十割蕎麦とか、東京駅構内で売っている牛めし弁当とか、その都度、興味を持ったものを徹底的に比較して、自分の中のナンバーワンを見つけることを楽しんでいる。

こうしたものを比べるのが楽しくなると、食品以外のものも比較したくなるだろう。これが遊びへの最初の一歩である。

■遊びは仕事に役立つか

仕事の延長的な遊びなら、仕事に役立つかもしれない。ただし、過剰な期待はしないほうがいい。楽しむには、遊びは遊びと割りきることが重要だし、そもそも役に立たないことが多いからだ。

たとえば、自動車メーカーに勤めている人の趣味がドライブだった場合を考えてみてほしい。本人は至極真面目にドライブを楽しんでいるつもりかもしれないが、端から見るとその人は、趣味がドライブなのではなく、妙に仕事熱心な人である。やっぱり、仕事人間なのだ。

そのうえであえて言えば、休日のドライブが、はたして仕事の役に立つだろうか。休日、何キロ走るのかはわからないが、いくらか走ったところで、仕事で真剣に自動車の走行について考えている人にとって、そのドライブは誤差である。そこから新しい何かが生まれる可能性は極めて低い。

自動車メーカーの社員が、趣味のドライブが仕事に生きると本気で思っているなら、それは、普段の仕事を真面目にやっていない証拠だ。だから、休日のドライブくらいで、仕事に何かしらのプラスが得られると考えるのである。もしも日々の仕事を真剣にやっているなら、たった数時間のドライブが優位な差を生み出すとは思えないはずだ。その道のプロなら、それくらいのことはわかるだろう。本業は本業の時間に集中して力を発揮する人に、絶対に敵《かな》わないのである。

仕事に近い遊びが仕事に役立つことがあったとしたら、そのときには、普段の仕事の仕方を疑ってかかるべきだ。

では、仕事から遠く離れた遊びは仕事に役立つのかというと、ごく稀《まれ》に役立つこともある、というのが私の答えだ。ただし前提は、例の『新明解国語辞典』の通り「利益などを考えずに」である。

とはいえ、仕事のために仕事と無関係の遊びを探そうというのも、それはそれで辛い修羅の道である。だから仕事のことはいったん頭から追い出して、ぴんとくるものに触れてみるのが一番だ。すると意外なところで意外な形で仕事の役に立ってしまうことがあるのが不思議なのだが。

■遊んでいる時間がなかった三十代前半の頃の私

今でこそ、面白いと思ったものにはあれこれと手を出している私だが、三十代前半の頃はほとんど遊んでいる時間がなかった。伸び盛りのマイクロソフトという（当時の）ベンチャー企業のマーケティング部門で働いていたので、昼も夜も人と会っていたからだ。

急成長中のベンチャー企業は、いくら人を募集しても追いつかず、採用しても十分に研修をする時間がないという具合で、そこそこ給料をもらっても、それを使う時間がなかった。自由にできるのはほんのわずかな時間だけで、そこでできる遊びと言えば、ただただ取引先や仲間と酒を飲むことだけだった。歌舞伎見物に出かけたりプラモデルをつくったりなど、とてもではないけれどできなかった。

この頃の唯一の楽しみは読書だった。読書のためだけに会社への行き帰りにタクシーを使って一人になる時間を確保し、そこでむさぼるように本を読んでいた。おそらく、そうやって時間を捻出していたあの頃のほうが、HONZで書評を書いている今よりも、多くの本を読んでいた。理由はわかっている。そのときは読書が本当に、心から、楽しかったからだ。

今も読書は好きだ。新しい本を手にすればワクワクするし、知らなかったことを知るのは面白い。しかしHONZが半ば仕事化したことで、以前のように無心に楽しむことができなくなってきた。書評に〝使える〟文章に遭遇すると付箋を貼るのに忙しくなり、文字を追い意味を咀嚼《そしゃく》する喜びが半減してしまうのだ。やはり好きな遊びは仕事にするべきではない。

しかし、高じた好きを仕事にしている人もいないわけではない。

東京大学のレゴ部は、毎回つくる作品のスケールが大きいことで有名だが、そのレゴ部創設者の一人に、三井淳平氏がいる。子どもの頃からレゴが好きで、高校時代からその世界では超有名人だった。大学に入ってからもそれは変わらず、安田講堂や、四〇分の一スケールの戦艦大和（これは個人制作）をつくってきた。大学院修了後、一時は大手鉄鋼メーカーに勤めたが、レゴを仕事にしたいと退社し、レゴで起業して現在に至っている。この三井氏にとっては、今の仕事ほど楽しい遊びはないだろう。

こういった希有《けう》な人のことは、メディアが多く取り上げるので、自分の周りにたくさんいるような錯覚を覚えてしまう。しかし実際には、とても珍しい存在だから取材されるのである。やはり遊びを仕事にできる人は、ごく限られているのだ。

遊んでいるように仕事をしている人といえば、陶芸、蒔絵《まきえ》、織物、染色など、伝統工芸系の職人もそうなのではないか。彼らが仕事の愚痴を言っているのを聞いたことがないし、その姿も想像できない。

おそらく彼らは、その仕事を仕事とは思っていないのだろう。仕事につきもののやらねばならないという義務感、やらされているという強制感を感じないから、楽しく働けているのではないか。

もしも今の仕事に義務感、強制感を覚えている人がいるなら、遊びでもそうなってしまうのは避けなくてはならない。何度も言うようだが、多くの人にとって遊びは仕事ではないのである。一生懸命、遊んではならない。子どもの頃にしていたように、好き勝手に、いい加減に遊ぶに限る。

■ルーティンワークに飽きるわけ

伝統工芸系の職人が楽しく働いているように見えるのは、その成果が作品という目に見えるアウトプットを生むからでもあるだろう。

つくる系の遊びは、つくっているときに楽しさを覚えることは、実はあまりない。そのときは没頭しているので、頭も心も無になっているからだ。達成感が得られるのは、ふと我に返って作品が完成に近づいていることが実感できたとき、そして、作品が完成したときだ。伝統工芸系の職人の仕事には、この達成感がつきものだ。

工場に勤める人なども、ものができる様を見ていれば充実感が得られるだろう。プログラマーも、その成果物は目に見えるものではないが、そのプロジェクトが終われば、やはり「やりきった」と思えるはずだ。

こういった感覚を、たとえば交通整理やレジ打ちのように、成果物がはっきりしない仕事をしている人が、仕事の中で味わうのは難しいのではないか。

だから、飽きやすいルーティンワークの仕事に就いている人ほど、何かをつくるというアウトプットがはっきりする遊びをするのがいいと私は思う。きっと、仕事では得られない満足感が得られるであろう。

あるいは、作品をつくるということ以外のアウトプットをするのがいいだろう。それはたとえば、ＳＮＳに「遊びについて書く」ということだ。

先日、五日間かけて東北を車で旅行した。昼間はずっと運転し、宿に着いたら風呂に入って食事をして寝て、翌日になったらまた運転。その繰り返しで、初めての土地でさまざまなものを見て刺激を受けていたにもかかわらず、フェイスブックの更新を怠った。つまり、アウトプットをせずにいた。

さて、旅を終えて家に帰り、仕事をしようと思ったところ、まるで頭が働かない。運転し過ぎて疲れているのか、遊び過ぎて疲れているのか。

どちらも違う。ちょうど五日間、いわば惚《ほう》けていたのだ。アウトプット、つまり、考えてまとめて記すという行為をしていなかったため、頭が弛緩《しかん》してしまったのだ。これには本当に参った。

たった五日間でもそうなのだから、もしもこれまで、アウトプットをしない人生を過ごしてきていたら、今頃どうなっていただろうか、と恐ろしくなった。

作品をアウトプットする遊びが性に合わないのなら、せめて情報はアウトプットしたほうがいいだろう。公開すれば同好の士は集まるが、どうしても公開しなければならないというわけではない。自分だけが見られるところで、メモ程度でもいいので記録をしたほうがいいと思う。このあたりのことは、第5章で詳しく書く。

■スマホに遊びを詰め込め

スマホの世帯普及率がようやくガラケーのそれを上回った。スマホの利用率は若い人のほうが高いので、電車の中で見かける携帯電話はほとんどがスマホで、ガラケーを見かけると「おっ」と驚いてしまうほどだ。

電車内でスマホを手にしている人は、LINEをやっているか、パズドラなどのシンプルな課金ゲームをやっていることが大半だ。しかし、スマホにはもっと多くの遊びに適したアプリがあるので、それを試さない理由はない。

ゲームをするなら、遊び続けながらだらだらと支払い額の増す課金ゲームよりも、遊びきり型のゲームがいいと私は思う。

大金持ちなら課金ゲームでもいいだろう。ある調査によれば、モバイル課金ゲームにおいて、売上の四八パーセントは、わずか〇・一九パーセントのユーザーから生み出されているというのだ。つまりモバイル課金ゲームで大金を使う人は、運営会社の餌食《えじき》になっているのである。

私のおすすめはまず、脱出系ゲームだ。『The Room』など、閉じ込められた空間から外へ出るため、空間内で手がかりを得て、無事脱出を計るというものは、リアルな空間で遊ぶ人もいるようだが、私はもっぱらスマホでこれをやっている。

アドベンチャー系では『Machinarium』（有料）がいい。主人公はサイバーパンクなロボットで、このデザインが素晴らしい。ゲーム内で何をすべきかは文字でなく絵で指示されるので、プレイヤーは世界各国に存在している。

アドベンチャー系では『モニュメントバレー（Monument Valley）』（有料）もいい。舞台になるのはエッシャーの絵のような不可思議な建物。そのビジュアルを見ているだけでも楽しいゲームだ。

この三つのゲームは、非常に美しいグラフィックと独特な世界観を持っていて、本当におすすめだ。

ゲームではないが、仮想的にさまざまな建物や街を見て、旅気分を味わえるVR（バーチャルリアリティ）アプリも数が豊富になってきた。Google Cardboardなど、安価に買えるVRメガネをかけると、リアルな映像を楽しめる。

ほかにも、ゲーム的に遊べるアプリはたくさんある。

たとえば私の最近のお気に入りは、『MarineTraffic ship positions（MarineTraffic-Ship Tracking）』（有料）だ。世界中の船の現在地がわかるだけでなく、スマホを掲げると、どの方角にどういった船がいるかがわかる。海岸沿いで使えば、見えている船がどこの船籍の何という船で、どこから来てどこへ行くかがそこに表示される。たったこれだけだが、海風を感じながら散歩するときにこれがあるとないとでは、大違いである。無料の類似アプリもあるが、圧倒的にこれがいい。

空には『Flightradar24』があるが、これも機能を考えると有料版を使うべきだ。

こういった、ゲームではないけれどゲームのように使えるアプリのことは、その仕事の専門家がよく知っている。『MarineTraffic ship positions』のことは、商社で輸入を仕事にしている人から教わった。専門家にとって不可欠なアプリは、素人にとってはちょっと風変わりな格好の遊びツールなので、自分とは別の仕事をしている人に、欠かせないアプリを教えてもらって試してみるといいだろう。このアプリのほかにも、ある業界では当たり前で、しかしその業界の外ではあまり知られていないものはたくさんあるに違いない。

さて、ここまで出てきたアプリをまったく知らないという人がいるだろう。それでは、手元のスマホは宝の持ち腐れ。スマホはコミュニケーションのためだけのツールではない。もっと賢くスマホで遊ぶべきだ。

■iPadで遊び探し

それでもなお、仕事と別の遊びをどう探すのか、まったく見当がつかないという人は、多くの遊びへの扉となるツールを手に入れたらいいと思う。そのツールとは、iPadだ。

iPadは遊びの宝庫だ。スマホより画面サイズが大きいことは、ささやかなことのようだが、遊びの幅をぐんと広げる。

iPadではスマホと違って手軽に絵が描ける。絵の初心者にとっては、紙やパソコンに描くより上手く描ける。まずは写真を撮って、それを加工したり、上から色をつけたりすればいいからだ。

おすすめは『Waterlogue』（有料）というアプリを使うことだ。このアプリはなかなかの優れもので、撮った写真を水彩画風の絵にすることができるのだ。それでオリジナル作品が完成。やってみて、もしそれが面白ければ、本格的に絵を始めてみたらいい。iPad は楽器にもなる。ピアノアプリを入れればそれはソフトウエアキーボードならぬソフトウエアピアノである。これも興味を持ったら、教室に通うなりハードウエアキーボードを買うなりすればいい。

習字もできる。『Zen Brush 2（Zen Brush）』というアプリがおすすめだ。iPad Pro を持っている人は、Apple Pencil を忘れずに。

レシピを表示して料理もできる。ゲームもできる。まるでアップルの回し者のようになってしまったが、アンドロイドでも同様のアプリが入手できるはずだ。何で遊んだらいいかわからない人は、まずは iPad を買ってみたらいい。

ここでやってみたことがすべて性に合わなくても、iPad やアプリを買って損をした、などとは思わないこと。性に合わないと知ったことは大いなる発見だからだ。それに、その発見が後に覆されることもある。

第2章

真面目に遊ぶな

■遊びを究めるなら、巻き込まれていることを自覚せよ

何か遊びを始めようとするとき、カルチャースクールや師匠の自宅などへ通い、そこで遊びを〝学ぶ〟ことを望む人も多いだろう。やがては資格を取得したり、段審査を受けたりして、自分のレベルを上げていくというのが、一般的に多いパターンだ。

確かに、大人が何か新しい遊びを覚えるなら、誰かから教わるのが手っ取り早くもあるし、スキューバダイビングのように、資格がないと楽しめない遊びもある。自己流が許されないものは、その取得のために時間とお金を使うのは仕方がない。

しかし、自己流でも十分に学んで上達して楽しめる類《たぐい》のものを、あえてどこかに入門して教わるのであれば、それはその師範システムに巻き込まれているという自覚をする必要がある。

たとえば、茶道も華道も日本舞踊も、お金と時間をかけて経験を積めば、初心者は中級者、さらに上級者にもなれるだけでなく、何級とか何段とか、何とか皆伝とか、いろ

いろな免状も手に入る。これには、ポイントを貯めるような楽しさがある。だから一生懸命に一つでも上、さらに上を目指したくなる。ポイントを貯めての昇段制度には、人を夢中にさせる力があるのだ。これを逆手に取って仕事の効率を上げるゲーミフィケーションという手法も確立されているほどである。

だから注意が必要だ。そのうち、お茶を点《た》てたり花を生けることそのものよりも、何段であるとか師範代まであとどれくらいであるとか、そっちにばかり夢中になってしまうことがある。これでは、お茶やお花を楽しんでいるとは言えないだろう。

もちろん、昇段が楽しくて、どんな分野でも昇段をしたいという、とにかくたくさんの資格を取りまくるのに似た楽しみ方もあるのだが、そうでないのであれば、昇段制度は習う人を夢中にさせるためのものであり、自分はそれに巻き込まれていると認識しておいたほうがいい。

また、師範やインストラクター、つまり教える側に回れるようになったとしても、それをビジネスにするのはかなり難しいと知っておくべきだ。子どもの頃にピアノ教室に通っていた人たちのうちのいったい何人が、ピアニストになっているか、ピアノ教室の先生になっているかを考えれば、それは一目瞭然《りょうぜん》である。

そうやって少し冷めた視線を持つと、昇段のためにと肩に力を入れ眉間にしわを寄せずに楽しむのか、一生懸命目の前の目標をクリアして他人より早く昇段するかを選べるようになる。選んだら、そちらの道を行けばいい。昇段の道を選んだならば、制度に巻き込まれている自分すら楽しむ余裕が必要だ。

そのような自覚的な判断を経ず、知らず知らずに昇段を目指すのが当たり前だと思い込んでいると、この人に勝てないのは不満だとか、この段に受からないのは面白くないとかいったネガティブな気持ちになってしまう。これは遊びの観点からは避けたい。遊びは勝手気ままにマイペースで楽しむのが一番なのである。

■読書も遊びも複数のジャンルを同時に楽しめ

一つの遊びを究めるくらいなら、さまざまなことを広く浅く楽しんだほうがいい。

その理由は、うっかりプロを目指さずに済むということと、嫌われないためでもあるのだが、もう一つ理由がある。

私は過去に『本は10冊同時に読め！』（三笠書房）という本で、並列的に違うジャンルの本を読むことを提案しているが、遊びも同様で、ある遊びと別の遊びとの掛け合わせが、思わぬ面白さを生む可能性があるからだ。自分だけのオリジナリティ豊かな楽しみに出合える可能性もある。

だからこそ、手を出す遊びはできるだけバラバラなほうがいい。同時に読む一〇冊の本が、歴史、宇宙物理、経営、食、歌舞伎、評伝、事件もの、生命科学、量子コンピューティング、地形学といった具合にばらけているほうがいいのと同じである。

また、遊びはある程度、ジャンル分けができるので、各ジャンルに一つ遊びを持つのもいい。そうしておくと、体調や天候、空いている時間の長さなど環境に左右されず、いつでもどこでも遊べるようになるからだ。

ここでざっと、遊びを系統別に分類してみる。

(1) どこでやるか――①屋外系／②屋内系

まず、どこでやるかによる分類だ。

①屋外系とはその名の通り、空の下で行うもので、サーフィン・登山・ハイキング・神社仏閣巡り・トレッキング・ゴルフ・ドライブ・山菜採り・天体観測・キャンプなどがある。いずれもやれば気分が爽快になるが、悪天候に弱いという面もある。

また、屋外系は登山などの遠出派と、散歩などの近所派に細分できる。

②屋内系もまたその名の通り、家の中で行うものだ。プラモデル・刺繍・料理・彫金・ブログ執筆・音楽鑑賞・お絵描きなどがある。天候に左右されないが、一人で行うものが多いので、孤独に耐えられない人には辛いかもしれない。しかし、コストパフォーマンスが高いのはこの屋内系である。

ただし、アウトドアでの料理（バーベキュー）や、やはりアウトドアでの音楽鑑賞（野外ライブ）など、屋内系が屋外系に独自に進化したものもある。

(2) 入れるか、出すか――③入力系／④出力系

何らかの情報をインプットするのか、アウトプットするのかでも分類できる。

③入力系は、インプット系。読書・映画鑑賞・テレビ視聴・ラジオ聴取・ネットサーフィン・伝統芸能鑑賞・スポーツ観戦・飲食などがある。遊びは究めないほうがいいのだが、特にこの分野の遊びはそうだ。インプットのプロになるのは特別に難しい。誰にでも気軽にできる遊びが多いので、差別化が難しいのだ。ただ、コストパフォーマンスが高いものも多いので、暇をもてあましている人はここに遊びを見出すといい。

④出力系は、アウトプット系。自己表現系と言ってもいいかもしれない。おしゃべり・楽器演奏・スポーツ・ダンス・短歌・俳句・メイク・ファッションなどがある。楽しむにはある程度のスキルや資格が必要なものも含まれるが、上達の楽しみを味わえるのもこの分野だ。

(3) 長くじっくりか、一瞬か ――⑤積層系／⑥体験系／⑦没頭系

どのように時間を使うかでも分類できる。

⑤積層系とは、できるだけ早く始め、細々とでも続けることで楽しみが深くなるタイプだ。中高年よりも残された時間のある若い人にこそおすすめできる。盆栽・歌舞伎見物・お座敷遊び・各種コレクションなどがある。

⑥体験系とは、それにかける時間は一瞬でも、やったことがあるかないかの差が歴然としているタイプの遊びである。スキューバダイビングやスキーなどがある。これも早いうちにやっておいたほうがいい。その理由は第4章で詳説する。

また、ライセンスを取って楽しむのではなく、ライセンスを取ること自体を楽しむのも、この体験系に属する。

⑦没頭系とは、積層系と体験系の中間にあるタイプで、ある程度の時間、そこに集中することで楽しみが深くなるタイプである。プラモデル製作・編み物・カルトナージュ・陶芸など、職人的な趣味である。

(4) 誰と楽しむか――⑧孤独系/⑨社交系

⑧孤独系とは、説明するまでもなく一人で楽しむものである。

⑨**社交系**とは、わいわいと集って仲間とその楽しみを共有するものだ。

特に、屋外系・出力系・体験系には一人でも複数でも楽しめるものが多いし、遊びそのものよりも、それを通じてコミュニケーションを深めることを主目的としている人もいる。旅・飲食・スポーツ・楽器演奏・お化け屋敷などがある。ホームパーティもここに含まれる。

数ある遊びから何を選んでいいか迷うという人は、まずは、今している遊び、興味を持っている遊びをこの九つに分類してみたらいいと思う。そして、どの系列の趣味が自分に欠けているかを探すのだ。

■大人が上達する喜びを味わえるのは遊びだけ

老後は子どもの頃に好きだったことをして過ごすといい、とよく言われる。私はこれに賛成でもあり、反対でもある。

賛成する理由。それは、大人は子どもよりもお金を持っていることと、子ども時代よりもあらゆることが進化しているので、子どもの頃には不可能だったことが可能になっているということを、発見できることである。

たとえば、小学生の頃にプラモデルを買うには、ある程度お小遣いを貯める必要があった。五〇〇円、一〇〇〇円がとてつもない大金に思えた。私も、五〇〇円のプラモデルを買うのに「こんな大金を使っていいものか」と悩んだことがある。しかし大人にとっての五〇〇円や一〇〇〇円は、捻出できない額ではない。好きなことにお金を使えるのが、大人なのである。

そして、何十万、何百万円と払わなくても、エアブラシを手に入れられる。プラモデルをつくったことのある人ならわかるだろうが、プラモデルの鬼門は組み立てではなく塗装である。あれが上手くいくといかないとでは、出来映えと満足感が桁違いである。子どもの頃はこの塗装を筆でするしかなかったが、今はエアブラシが簡単に、比較的廉価で手に入る。

こうなると、子どもの頃にもどかしい思いをしながらプラモデルをつくっていた人にとって、大人になった現在は、プラモデルの桃源郷のような世の中だ。プラモデルを再開すれば、間違いなく楽しい。

しかし、だからといって子どもの頃に好きだったことだけをやるのはもったいない。それが、反対する理由だ。

案外、子どもの頃に苦手だったものこそが、大人になってからの遊びにふさわしいことがある。

最近、大人の間でランニングが大ブームだ。そして、ジム通いにハマる人も多い。その理由の一つは、体育の授業がつまらなかった反動だと思う。

体育の授業では、いきなり走らされ、跳び箱やバレーボールをさせられる。そして優劣をつけられる。これでは、劣のほうにカテゴライズされる側は、面白くも何ともない。だから体育が嫌いになる。

また、体育の授業では、上達の仕方を教えてもらえない。先生は、どうしたら今より速く走れるのか、今より一段高く跳べるのか、サーブがネットを越えられるのかを教えてくれない。だから、上達の喜びが感じられない。これも、体育が嫌いになる理由だ。

人によってはそれを音楽や美術、技術などの授業で感じたことがあるだろう。

一方で、大人になってからのランニングである。別に誰と競うものでもない。自分のペースで、景色を楽しんだり、音楽を聴いたりして走っているうちに、走っていることが楽しくなってくる。少しでも速く走ることを求められる授業では考えられなかった、走りの楽しさがそこに突如現れる。これが面白くないわけがないだろう。

それに、「学生時代から市民ランナーです」というごくごく一部の人を除けば、走り始めた日がランナーデビューの日である。次の日の自分は、その日の自分の先輩だ。走れば走るほど、走り方のコツがわかるし、ランニングについて知識は深まるし、タイムも縮まる。つまり成長する。これもまた、面白くないわけがない。

トライアスロンが流行るのも、これまで何となくやってきたことに真面目に取り組んでみたら、案外、上達するものだと気づくからだろう。成長の喜びを味わえるのだ。

子どもは、いろいろなことを教わりまた挑戦して失敗しながら、できないことが一つずつできるようになって、大人になっていく。ボタンを留めること、ハサミを使うこと、自転車に乗ること、すべてにおいてそうである。

ところが、そういったことが当たり前にできるようになった大人には、成長を実感できる機会がめったにない。まさか今さら、去年よりも箸の持ち方が上手くなったとか、タオルのたたみ方が上手くなったなどということはないはずだ。

だからこそ、ランニングやジム通いのように、誰と競うでもなく、自分のペースで取り組めて、成長を実感できるものにハマるのだ。

そしてこの、誰と競うでもなく、自分のペースで取り組めて成長を実感できるものこそを、遊びというのである。

上達の実感は、自信になる。まだまだ自分には伸びしろがあると気づけることは、遊びを離れ、仕事にもいい影響を与える。

もう一つ付け加えると、人生経験をある程度積んだ今だからこそ、楽しめる遊びもある。たとえば読書でも人物評伝などは、大人になってからのほうが面白く読める。自分の経験や得てきた知見と照らし合わせ、「あるある」とか「わかる」とか「あ、それは仕方ない。ドンマイ」などと共感しながら読めるからだ。この読み方は、子どもにはできない。

■途中で止めるのは恥ずべきことではない

大人気のランニングやジム通いではあるが、始める人がいる一方で、止める人も多い。しかし、止めることは恥ずべきことではない。仕事や人生ではないのだから、止めたくなったら止めればいい。本音を言えば、仕事だって辞めたくなったら辞めればいいと思う。まして遊び程度のことならば、どんどん始めて、どんどん止めればいい。誰に遠慮することはない。それを悔いる必要もない。

ただ、止めたと思ってしまうと復帰へのハードルを上げてしまいかねないので、しばらく休むと思うこと。引退ではなく、お休み。それも休止ではなく一時休止である。いつまで休むかは、自分自身と神のみぞ知る、だ。

この発想があると、どんなことでも楽しめる。

長編小説を読むことや連続ドラマを見ることを、「途中で投げ出した」と思うと再開したくなくなるが、「たまたま今は休んでいる」、または「満を持して再開するタイミングを見計らっている」と考えれば、一時休止の間ですら、その趣味を楽しむことができる。

お遍路などの持続系趣味や、収集系趣味の場合は特にそうだ。休みがいいアクセントになる。上達系の趣味の場合は、あえてあまり上手くならないうちにブランクを設け、じっくり時間をかけて上手くなるという方法もある。

再開してみると、最初に取り組んだときとは別の楽しみ方が見出せる。それは、初回とリファレンスした比較である。

前回はこうだった、今回はこうだという新たな発見があるのである。

ANAの機内誌『翼の王国』には、「二度目の」という連載がある。名の知られた土地を、あえて初めてではなく、二度目に訪れたという設定の紀行だ。書いているのは、門上武司《かどかみたけし》氏。写真はハリー中西氏である。

この連載に趣《おもむき》があるのは、初めての高揚感とは違う、じわじわと感じる密かな楽しさ、喜びがにじみ出ているからだ。

一時休止とほどよいインターバルは、遊びの違った側面を見せてくれる。

とはいえ、続ければ続けたなりの楽しさがあるのが、遊びでもある。またひたすら遊びを乗り換えて、遊び探しを遊びにするのもいい。私は典型的な後者であるが、どれを選んでもいいのが、遊びの遊びたるゆえんである。

■一時休止の前に「上げておく」

趣味を一時休止するタイミングはいつでもいいのだが、あえて限定するならば、ある程度の上達が実感できた直後がいい。特に、楽しむのにある程度のテクニックやスキルが必要な趣味の場合はそうだ。

たとえばマラソンなら目標タイムを達成したあと、プラモデルなら大物を完成させたあと、フラダンスならお披露目ステージのあとである。

このときに、まだまだもっと速く走りたいとか、難しい造形のものをつくりたいとか、より大きなステージを体験したいと本心から思えるのであれば、続けたほうがいい。

しかしそこに、「これを達成したからには次はこれをしなくてはならない」という義務感のようなものが少しでも混じっていたなら、それは休止のタイミングだ。ひとまずやったという満足感だけを胸に、別の遊びを始めたほうがいいと思う。

義務感が生じたとたん、成長のスピードはがくんと落ちるし、マラソンのタイムなどは、ベストを更新できなくなってしまうこともあるからだ。

それに、ある程度上達が実感できたあとで、つまりスキルをそれなりに積んだあとで休んでおけば、再開後は、ゼロから始めるのとは違う感覚を得られる。勘を取り戻せば、すぐにまた楽しめるようになるからだ。裏を返せば、勘が身につくまでは、その趣味を休止しないほうがいいとも言える。

もしその遊びが楽しくて楽しくて、休止期間を挟まずにずっと続けたいと思うなら、焦ってスキルを身につけ過ぎないに限る。スキルが身につき過ぎてしまうと、その先の楽しみががくんと減ってしまうのだ。

私の趣味の一つにゴルフがあるが、あまり上手くなろうとは思っていない。上手くなってしまうと、あっという間にピークを迎え、あとはスコアを落とす一方になってしまうからだ。これでは、上達の喜びもスコア更新の楽しさも感じられず、苦行のようになってしまう。

私はゴルフを長く続けたいので、しゃかりきになって練習することはない。しかし、ゴルフを始めたときには、コースに出ても周りに迷惑をかけない程度にまでスキルを上げていた。ある程度まで「上げた」あとは、上がり過ぎないようにそこそこをキープする。これが趣味を、休みを挟みながら長く続けるコツである。

趣味は上達・成長・蓄積を楽しむものであるから、あまり急速に上手くなる必要はない。それに、上手くならねばならないと思ってしまうと、とたんにつまらない苦行と化すので、そういった考えも捨てたほうがいい。趣味は究めてはならないのである。

■私がマイクロソフトを辞めた理由

前の項で、趣味を一時休止するタイミングは、ある程度の上達が実感できた直後がいいと書いたが、実はベストタイミングはもう一つある。それは、飽きたときだ。

飽きるとは、飽きるほど没頭した証《あかし》である。やり尽くしたという達成感が、飽きという感情を呼び起こすのだ。

私には『ファイナルファンタジーⅪ』というゲームに没頭していた時期がある。そのときはすでにマイクロソフトは辞めていたが、設立した投資コンサルティング会社の社長で、だから、出社もせずにゲームにハマっている私のことを、部下たちがどう思っていたかはある程度、想像がつく。自分でも、大人げない大人こそが目指すべき姿とは思いつつ、しかし、大人げないにもほどがあるのではないかとうすうす感づいていた。

けれど私は、ハマったところから自分を抜け出させるには、ハマりきってそして飽きるしかないとわかっていたので、とことんハマった。同じゲームをプレイするたくさんの人を束ね、率いて敵と戦っていた。これでは会社経営と同じではないかと思ったが、しかし、ハマりまくった。

そしてあるとき、突然飽きた。社員からどれだけ呼ばれても行かなかった会社に行くようになったのは、ゲームに飽きたからである。

もしも飽きずに止めていたら、それは挫折である。ゲームのような遊びでそんな思いをするのはたまらない。だから飽きるまでやっていた。

思えば、私がマイクロソフトの社長を辞めたのも、経営に飽きたからだった。もちろんそう決断するまでには、その仕事にハマっていたし、ほかの仕事をすることなど考えもしなかった。しかし、ハマり過ぎたせいで、飽きたのだ。

幸いなことに、ゲームは次々に新作が登場するし、企業も経営したければ自分でつくればいいので、「またやってみよう」と思ったら再開すればいいだけだ。だから飽きたら止めるに限る。

■身を滅ぼす遊びには注意せよ

「芸は身を助く」と言うが、芸は身を滅ぼすのも事実だ。ただし、ここで言う芸とは、遊び以外の人生すべてをそっちのけで没頭してしまうタイプの遊びである。

これでは、老後もその遊びを楽しむどころか、老後そのものがままならなくなる可能性がある。資金面しかり、体力面しかりだ。

資金面で言えば、歓楽型の趣味は要注意である。カラオケ、飲酒、ギャンブルなどに過度にのめり込むことは、身を持ち崩す可能性が高いことをよくよく自覚しなくてはならない。これを防ぐには、カラオケやギャンブルを無理に禁じるのではなく、そればかりに時間を使うのはもったいないと感じるような、別の遊びのバリエーションを揃えることだ。

また体力面で言えば、激しい運動を趣味にしている人は、若いうちはいいかもしれないが、その反動がある程度の年齢になってから出てくる可能性があることを、頭に入れておくべきだ。

たとえば、ランニングが楽しいからと路面の硬い道路を毎日何十キロも走っていたら、年を取ってから膝や腰が思うように動かなくなるということは十分に考えられる。これではランニングを一生楽しめる遊びにはできない。もしもランニングが好きで、ずっと続けたいと思うなら、やり過ぎないようにほどほどに走るべきだろう。

では、どうすればやり過ぎないで済むか。答えはもちろん、走ってばかりにならないように、ほかの遊びにも時間を使うということになる。

私の場合、目下のところはこんな遊びをしている。

プラモデル、歌舞伎見物、スナップ写真撮影、ドライブ、絵を飾る、ゴルフ。ほかにもあるが、それについては第4章で触れる。

■広くて浅いほど、インプットは増える

私は博物館や美術館に行ったとき、飾られている作品や展示物だけでなく、額や作品を収めたケース、ライティングにも関心が行く。国立科学博物館では、動物の剝製《はくせい》の展示の背景にある絵画のこともかなり気になった。

それは私が、家の中を飾るのが好きだからだろう。多くの人にわかりやすく、しかも作品や展示物を傷めることなく飾るのに、プロはどのような工夫をしているのかに興味があるのだ。

建築が好きな人は、その建物にも興味を持つだろうし、出版関係者なら間違いなく、作品解説に使われている文字の種類が気になるはずだ。

同じものを見ても、その人がどんなバックグラウンドを持っているか、何に関心があるかで、目に入ってくるものが異なるのである。

これはつまり、関心事が多い人ほど、同じものを見ても得られるインプットが多いということだ。では関心事とは何かというと、多くの人にとっては仕事だろうが、ほかにも好きな遊びがあれば、それにまつわるものも気になってくることは間違いない。

そしてそれは、博物館や美術館の中の話に限らない。街を歩いていても、本を読んでいても、テレビを見ていても、関心を持っている対象が多ければ多いほど、つまり、広く浅くであればあるほど、自然とインプットが増える。

また、私の場合、外食はおいしいものを食べに行く遊びであると同時に、家で再現できそうな料理を探しに行く遊びでもある。なので、その視点で料理を見ていることが多い。料理の写真を撮ることがあるとすれば、それは再現目的だ。シャッター音を消してさりげなく撮影できる『Foodie』は、その点で重宝している。フィルターが豊富なので、いかにもおいしく撮れるのもいい。

少し話がそれたが、再現するにはどうしたらいいかを考えながら外食をするというのは、おそらく料理人にとっては当たり前のことだろう。

このように、プロになったつもりで周囲を見回してみると、それまで気にならなかったことに気がつくのは、外食時しかり、街を歩いているときしかり、である。やはり格段に、インプットの量が増える。

インプットが増えれば、また新しい関心事が生まれ、興味の対象が広がる。正のスパイラルは、広く浅く遊ぶことで生まれるのだ。

■株を買うなら遊び心で

マイクロソフトを辞めた私は、投資コンサルティング会社を設立した。そこでさまざまなベンチャー企業に投資をしてきた。

こういう話をすると「どこの株を買ったらいいですか」と聞かれることがあるが、答えは人によって異なると思っている。なぜなら、株は、好きな会社のものを買うに限るからだ。

まず、株価は必ず上下する。上がれば嬉しいし下がれば悲しくなるのが普通だろう。下がったことを悲観して売ってしまう人もいるが、その後、上がるかもしれないのにもったいない話である。その株を、下がったら価値のないものと考えていると、こういうことが起こる。

しかし、株を持つという行為を、好きな遊びを支えてくれる会社を応援する行為に置き換えてみたらどうか。すると、下がったときほど応援したくなり、その結果、あとで上がったときにいい思いができる。

それに、株には株主優待というものがあり、これが案外とバカにならない。歌舞伎座や松竹の株をある程度以上持つと歌舞伎座の招待券が、オリエンタルランドやサンリオ、富士急行の場合は遊園地のフリーパス券が手に入る。タカラトミーならトミカ、ワイン専門店のエノテカなら割引券などといった具合である。絶対に歌舞伎を観に行く人、絶対にエノテカでワインを買う人にとって、こういった株主優待はじつにありがたいものなので、それが嬉しいがあまり、株価の変動に一喜一憂することはない。

だから、株を買うなら好きな遊びに深く関わっている会社のものに限るのだ。

ここでもまた、多趣味は身を助けることになる。

いろいろな業種のいろいろな会社の株を持つことは、自然と分散投資になるので、どこか一社の株価が暴落しても、あまり慌てないで済むのだ。

株も趣味も、広く浅くが原則だ。

■一〇やって一つ残るのが楽しい遊び

私は何も最初から、プラモデル、歌舞伎見物、スナップ写真撮影、ドライブ、絵を飾る、ゴルフをするばかりで遊んできたわけではない。特にゴルフはじじ臭いと嫌悪していた時期すらある。ほかにも、スキューバダイビングやスキーに熱心だったこともある。高校生の頃は、手すりを滑り下りることまではしなかったが、学校の行き帰りに乗る程度にはスケートボードもやってみた。手を出してみた遊びはもっと多い。

ただ、現在のところのマイブームが、先ほど挙げたような遊びであるというだけだ。いろいろとやってみて、これは好きではないなと思ったら、即、止める。だらだら続けるのは時間がもったいない。

また、これには飽きたなと思ったら、そこで休む。飽きたのに続けていてはその遊びを嫌いになってしまう恐れがある。そうなる前に休んでおく。

そして、止めたり休んだりしたら、次の遊びを探す。

手当たり次第やってみて、一つでも続けたいと思う遊びに巡り合えたら、それは幸せだし、そもそも、好きなものを探すという遊びはたいそう面白い。

たとえば私は今、バーボンの水割りを毎晩のように飲んでいる。バーボンの銘柄はヘンリーマッケンナだ。何種類も飲んでこの銘柄にたどり着いた。その一つの銘柄を探すプロセスはじつに楽しい遊びであった。

ヘンリーマッケンナにハマる前は、ひたすら赤ワインを飲んでいた。理由は、赤ワインは常温でもおいしいからである。ビールや白ワインは冷やしたほうがおいしいものが多いが、赤ワインは別だ。だから、冷やし忘れてしまい、飲みたいときに飲めないという悲劇を避けられるのがいい。そう思って飲んでいるうちに、ただ飲むのではなく、おいしいものを探そうという気持ちになった。

そこで、ワイン専門店エノテカのオンラインショップで一〇〇〇円以上一万円以下のワインを買い集め、ひたすら飲んだ。ワインの蘊蓄《うんちく》を学ぶ前に、とにかく飲むことにしたのである。

何百本か飲んだところで、あることがわかってきた。まず、一〇〇〇円のワインと三

○○○円のワインではあまり味に差がない。しかし、五〇〇〇円と一万円では明らかに違う。
　ここで、ある程度以上のワインは、値段で選べば間違いがないということがわかってくる。

　そのうえで、自分の好みがわかってくる。ラベルをじっくり読み解こうとしなくても、数を重ねれば「ああ、この間もこの葡萄《ぶどう》をおいしいと思ったな」などという、無理矢理覚える知識とは違う、納得して体に染みつく知恵が得られる。ここまでくれば、儲けものである。何も、ソムリエになろうとかワインの専門書を書こうというわけではないのだから、そこまでわかれば十分だろう。

　定番探しは楽しい遊びであり、その結果、手に入った定番で遊ぶこともまた、楽しい。何か一つだけを究めることに時間を使っていては、この楽しみは味わえない。

第3章

成毛流・新しい遊びの始め方

■すべては本から始めよ

どんな遊びも、やってみて性に合えば続ければいい。もし好きになれなければ止めていいいし、飽きたら休止すればいい。遊びは、一度始めたらずっと続けなくてはならないというものではない。そう気楽に考えれば、気になった遊びはどんどんと始められる。

私がスキューバダイビングを始めたのは、原田知世と織田裕二が主演し、サザンオールスターズが音楽を担当したバブル末期の映画『彼女が水着にきがえたら』を観て興味を持ったからだ。いいなと思ったので、即、やってみたところ、楽しかったのである。ミーハーな気持ちでさほど期待せず挑戦したので、予想以上に面白いと感じたのかもしれない。

スキューバダイビングをやってみようと決めたとき、私が最初にしたことは、本を読むことだった。もちろん、スキューバダイビングに関する本である。

本を読むのは情報収集のためである。特に体を使う遊びの場合、本で知識をつけておくと、なぜそう動くのか、逆に、なぜそう動いてはいけないのかが頭で理解できるので、体の使い方も身につけやすいのである。

ダイバーはどういう事故によって命を落とすのかも、私は実際に潜る前に本で読んで知った。命に関わる遊びの場合、最悪の事態を知っておくことは、どこまでなら安全なのかを知ることでもあるので、海中でちょっとしたトラブルがあっても、慌てることがなくなる。一度、潜水中にタンクからチューブが外れたことがあるが、そのときもパニックにならずに済んだ。

だから、特に命に関わるような体を使う遊びの場合は、始める前に本を読むことをおすすめする。

その手の遊びでなくても、やはり全体感はつかんでおいたほうがいい。

なので、本は、ひとまず五冊は読んでおきたい。

内訳は、絵本、大御所による専門書、当事者による専門書、新書、そして雑誌である。

絵本のいいところは、子ども向けなので内容が容易であることと、ビジュアルによって雰囲気がつかみやすいからである。

たとえば、これから歌舞伎見物をしてみようと思うなら『夢の江戸歌舞伎』（服部幸雄著、岩波書店）がいい。江戸の町人がどのように歌舞伎を観ていたかが、親しみやすく美しい絵で描かれているので、歌舞伎を観に行くとはどういうことなのかが一目瞭然である。

大御所による専門書とは、その分野での評論を専門としている人によるものである。歌舞伎なら、たとえば渡辺保氏によるものがそれに当たる。初心者が読むには多少難しいところもあるのだが、あとになって「ああ、このことだったか」と種明かしのような発見が得られることもあるのが、この手の本のいいところである。

初心者は誰が大御所なのかがわからないかもしれないが、これは案外、ネットで知ることができる。たとえばアマゾンで歌舞伎についての本を調べれば、誰がたくさん書いているかがわかるからだ。

当事者による専門書とは、歌舞伎で言えば歌舞伎役者が書いた本である。このときは、現役の若い役者が書いた本がいい。古い名役者によるものよりも、時代性が感じられるからだ。今なら市川染五郎による『染五郎の超訳的歌舞伎』（小学館）などが適している。文章も、裏話も、何もかもが面白い。

新書は、ぴんときたものを買えばいい。なぜ新書という型を指定するのかというと、新書を書く側が、新書を書こうと思って書いているからである。

つまり、気軽に手にとって、さっと読んでほしいと考えて書いているのが新書なのである。だから、歌舞伎論とか歌舞伎学といった難しい内容にはなっていないことが多い。タイトルだけを見ても赤坂治績《ちせき》氏の『江戸歌舞伎役者の〈食乱〉日記』（新潮新書）とか、山川静夫氏の『歌舞伎の愉しみ方』（岩波新書）など、肩の力が抜けている。ついでに言えば私が二〇一五年に出した『ビジネスマンへの歌舞伎案内』（NHK出版新書）も、気楽に読んでもらいたいと思って書いた。

雑誌は、プロによって選ばれた情報だけが載っているので、全体感をつかむのに最適だ。たとえば『Pen』や『BRUTUS』のような雑誌が組む特集には、編集者という情報を取り扱うプロによって選ばれた、そのときの読者に届けるべき情報が集められている。だから、もし新しく始めたいと思う遊びがその分野の専門誌ではなく、毎号、テーマが変わるワンテーママガジンで特集されていたら、迷わず買って読むべきだ。バックナンバーでもよい。多少古くても、雑誌ならではのわかりやすさがある。

■ネットは本を読んでから

初めから本の代わりにネットで情報収集するのは、あまりおすすめできない。なぜなら、ネットには情報が膨大にあり過ぎるからだ。まずはどこから読んだらいいのかがわかりにくいのである。

たとえば歌舞伎に興味を持ったとして、グーグルの検索窓に『歌舞伎』と入れてみても、呆然とするだけだろう。

しかし、本を読むと気になる言葉、つまりグーグルの検索窓に入れられる言葉が見つかるので、それをきっかけに知識を深めることができる。ネットで知識を得るには、本を読んでおくと効率が格段に上がる。

私の場合、模型をつくるときにはその模型に関する本を読み、ネットで調べる。たとえば零戦《ゼロ》の模型をつくるときには、零戦についての知識を仕入れるのである。そうしないと、塗装などにリアリティが出ないからだ。しかし気がつくと、塗装とは直接関係のない、零戦のパイロットの手記を読んでいることもあるから驚きだ。こうなると、私の楽しみは模型をつくることよりも、零戦について知ることに移っている。このときに「最近ハマっている遊びは何ですか」と聞かれたら、私は「模型」ではなく「零戦」と答えるだろう。

このように、好きなものから好きなものを芋づる式に見つけるには、ネットがとても適している。

■テクニックが必要なものはスクールで解決

本やネットで知識を仕入れたら、次はテクニックだ。

遊びは上達のプロセスこそが楽しいのだが、しかし、上達のためのスタートラインに立つには、最低限のテクニックが必要だ。

ゴルフは急いで上手くならないほうが長く楽しめる遊びだが、しかし、あまりに頻繁にクラブがボールを空振りしたり芝を掘り返したりするようでは、遊びとして成り立たない。だから最低限の、クラブをボールに当てて飛ばすというテクニックは、ゴルフレッスンで身につけたほうがいい。ただ、目的は最低限のテクニックを得ることで、上手くなることではない。得たテクニックの向上は、遊びながら楽しめばいい。

スキーなどのスポーツ、ピアノやギターなどの楽器演奏についても同じことが言える。特に最近のスキー教室は、短時間であっという間に滑れるどころか、パラレルができるくらいまでに指導してくれる。教えるほうのテクニックも、以前より上がっているのである。

テクニックで案外、見落とされがちなのが、絵画である。

小中学校では、絵は自由に描けばいいとマインドの持ち方は教わるが、テクニックを教わらないので、上手く描けないし、どうやったら上手く描けるかもわからない。なので、嫌いになってしまう人が多い。

だからこれから絵を描くことを楽しんでみようと思っているなら、本で知識を仕入れたあと、絵画教室に通うのがいい。ただし、目的は通うことではなく楽しく描けるようになることなので、短期集中で、ひたすらテクニックを学べる教室を厳選すべきだ。

たとえば、風景画を描きたいときには、遠近法をきっちりと初めに教えてくれる講師のほうが、上達は早いだろう。プロの絵描きを目指すわけではないので、まずは個性的な絵よりも、自宅の壁に飾ってみたくなるような絵を、目指すべきかもしれない。

このときも、その教室や講師とは合わないと思ったら、さっさと辞めて別の教室に通ったほうがいい。我慢して通うのは時間の無駄だし、教わる内容を嫌いになってしまうことも考えられる。

気の合う講師が教えてくれるもののことはますます好きになるものだ。中学・高校の頃に好きだった科目は、その内容はともかく、教えてくれる先生のことが好きだったからという人は少なくないはずだ。そして、嫌いな科目を教える先生のことはあまり好きではなかっただろう。科目と先生、どちらを先に好きになり嫌いになるのか。実は先生ではないかと思う。

私は高校の頃、地学と世界史が好きだった。それはもちろん、教えてくれる先生が好きだったからだ。人間として魅力的だったということもあるが、話すスピードがゆっくり過ぎず、私のテンポに合っていた。他の科目を担当するテンポの合わない先生には、別の先生に代わってもらいたかったが、致し方なかった。

しかし今、私は高校生ではない。どこか特定の学校に通わなくてはならないわけでもない。合わないなと思ったら、すぐに変える。大人にとっての大人げない遊びのことである、それくらい気楽に考えればいい。

これを仕事にたとえれば、研修はさくっと終わらせて仕事に入るようなものだ。研修が趣味でない限り、そうしたほうが早く楽しく仕事ができる。

■テクニックが不要なものはプロに当たる

スポーツや楽器演奏、絵画ほどは、体にきざみ込むテクニックが必要ではない遊び、たとえば和装とかワインなどの場合は、まったく知らない状態で呉服店やワイン会に行っても何が何だかわからないという事態に陥ることが予想できる。しかし、ある程度のことを知っていれば店の人や参加者と話ができるので、そこで自分が何を知っていて、まだ何を知らないかが整理できる。なので、やはりこの手の遊びにも、知識はあったほうがいい。

しかし、なくてもいいこともある。

赤ワインをひたすら飲んでいたとき、私はワインに関する本は読んでいなかった。一冊もである。

本を読まなくても、ワインの世界が伏魔殿《ふくまでん》のごとく奥深いこと、ソムリエやワインアドバイザーというプロやセミプロがたくさんいること、そして産地や葡萄、年、ワイナリーによって味が異なることくらいは知っていた。

私はそういう人たちと知識を競うつもりはなく、ワイン会に参加するつもりもなかった。単においしいワインには法則があるのか、自分はどんなワインが好きなのかを知りたかっただけなので、そこまでの知識は必要なかったのである。とはいえ、赤ワインは世の中に何百何千と種類があるので、総当たりで法則を見出し、好みのものを見つけ出すには時間がどれだけあっても足りない。

だから、「エノテカのオンラインショップで買えるもの」という制限を設けた。エノテカはワインのプロ集団なので、持っている知識を総動員して良いと思うワイン、売れると思うワインを揃えている。知識のない素人が最も苦手な、大外れを除外するという作業をしてくれているのである。

そのお膳立てがあれば、あとは好きに飲んで好きに選ぶという、楽しいところだけをおいしくいただける。

もちろん、ゼロから調べていいワインに巡り合いたいという人もいるだろうし、蘊蓄を語り合いながらビンテージワインを飲みたいという人もいるだろう。ただ、私はそういった人たちとは違うところに面白みを見出しているだけだ。どちらがいいとか悪いとかではない。

■遊び仲間が欲しいなら、誘いまくるしかない

私は基本的に一人で遊ぶのが好きだが、人と遊ぶのが嫌いというわけではない。特に、人と一緒のほうが明らかに楽しい遊びの場合は、とにかく誘いまくる。その誘いに乗ってくれた人と一緒に遊ぶ。乗ってくれなかった人は、その遊びとは相性が合わなかったのだと思って、すぐに忘れる。ここでめげていては、遊び仲間など、一生つくれない。

そうやって仲間を増やした遊びの一つに、『Ingress』がある。現在は別会社になっているが、リリース当時はグーグルが開発した、全世界を舞台にした場所取りゲームである。ただし、ゲームといってもプレイするフィールドは、屋外。スマホを使い、街中にあるモニュメントや神社仏閣などを、敵陣営と奪い合うというものだ。

私はすっかりこれにハマり、人を勧誘すると同時に、歩きやすいスニーカー（一日数キロ歩くのは当たり前になる）やモバイルバッテリー（スマホの電池をかなり消費する）に

ついてもかなり調べた。モバイルバッテリーはいくつか買って比べてみた。だから、Ingressはしていないけれどモバイルバッテリーを買おうとしている人にもかなり的確なアドバイスができた。

奪い合う拠点は、先ほど書いたようにモニュメントや神社仏閣が多いので、このゲームを通じて、これまで気づかなかったような小さな祠《ほこら》や彫刻なども知ったし、普段、どれだけ周りを見ずに歩いていたかもわかった。

Ingressを楽しんでいる人のブログも読むようになり、そこで新たな楽しみ方を手に入れた。それは、「都バスに乗ってIngressを楽しむ」というものである。

Ingressは、電車のように高速移動している乗り物に乗っているとプレイできない。基本的に、歩いて楽しむようにつくられているため、モニュメントの脇を猛スピードで通り過ぎたときには、そのモニュメントに到達したとはカウントされないのである。

しかし、停留所ごとにゆっくり走るバスは、Ingressの速度制限にひっかからない。それを知って、都バスに乗るようになった。

都バスに乗るようになると、徐々に、乗ること自体が楽しくなってきた。もう四十年以上東京に住んでいるが、これまでバスに乗る機会がほとんどなかった。しかし、乗ってみると、これがなかなか楽しい乗り物なのである。東京に、通ったことのない道路、見たことのない建物がまだまだたくさんあることにも驚いた。

さっそく都バスマップを手に入れて、あちこちの路線に乗るようになった。こうなるともう、関心の対象はIngressから都バスに移りつつある。ついには、都電荒川線で谷根千（谷中、根津、千駄木）あたりまで散歩に出かけてしまい、そのあたりがじつにフォトジェニックな街であることを知り、今度は急激に関心がカメラに傾いた。ドローンにも付いているブレを防止する三軸ジンバルという装置が付いたカメラを買った。下町をまるで映画のように美しい動画で撮影するためだ。

私はいつもこのように、次々に遊びを乗り換えている。

なお、Ingressはうっかりと連続プレイを途絶えさせてしまった（続けているとメダルがもらえる）ところでがっくりして止めていたのだが、最近『ちゃんと歩ける甲州街道』（山と溪谷社）という本を手に入れたので、このあたりを歩きながら再開することも考えている。

■楽しみ方がちょっと違う人と遊ぶ楽しみ

自分とは遊びの楽しみ方が少し違う人とも、上手く遊べることがある。

たとえばゴルフがそうである。すでに書いたように、ゴルフに行くたびに、「今日はベストスコアが出るかもしれない」というワクワク感を楽しみたいので、必死になって練習はしない。やっているうちに上手くなると信じているのである。ゴルフは特に、経験や精神力がものを言うスポーツなので、年を取ってからベストスコアが出る可能性が大きい。

しかし当然のことながら、私とは違うゴルフの楽しみ方をする人もいる。何が何でも一緒にラウンドする人に勝ちたいという人もいれば、メンバーを集めて時間を調整するのが楽しいという人も、ラウンド後の食事こそが楽しみという人もいる。私はこういった人たちとゴルフをするのが嫌いではない。きっと相手もそうだろう。

まず、勝ちたい人は、仕事以外では勝ちにこだわりのない私が一緒だと、安心して本気で勝ちに出られるだろう。調整好きな人の存在には、私のほうが感謝すべきだろうと思うが、私が参加を表明すると、とにかく喜んでくれる。食事至上主義の人は、自分がアレンジした店でみんなで食事ができればやはり嬉しいし、こちらも探す手間が省けてありがたい。

このように、互いを補完し合うようなメンバーとは、遊んでいて楽しいだけでなく、メリットもある。

■道具はハイアマチュア向けに限る

新しい遊びを始めるには、新しい道具が必要になることも多い。テニスを始めるにはラケットが、木彫りを始めるときには小刀が、どうしても必要だ。それらは買うに限るのだが、どれを買うかが問題になる。

私のおすすめは、ハイアマチュア向けだ。プロ向けでも初心者向けでもなく、ハイアマチュア向け。そう結論づけるまでには、さまざまな失敗があった。

スキューバダイビングを始めたとき、私はカラフルなウエットスーツを着たいと思った。ハイアマチュアがみんな着ているスキューバプロというブランドのスーツにはどうも親しめなかった。黒一色で何とも地味だし、価格もそれなりに、いや、かなり高かったからだ。

しかし結果として、早々にスキューバプロに買い換えた。それは、浮力調整装置（BC）という、潜ったり浮上したりするときに使うツールの出来映えが、スキューバプロのものが飛び抜けて優れていることがわかってきたからだ。そのブランドのBCなら潜水中も姿勢が安定し、楽なのである。ハイアマチュアがこぞってそれを選ぶには、理由があったのだ。

では、プロ向けはどうかというと、そこまでいくとやり過ぎだ。プロ向けの機材はハイアマチュア向けよりも、極端に重いか、その逆で軽いものであることが多い。重い代表例はカメラ、軽い代表例は自転車や鮎釣りの棹《さお》だ。

そして重くても軽くても、ハイアマチュア向けよりもかなり高額だし、使う側にスキルを求めるので、初心者では扱いづらいこともある。そのバランスを考えると、学生には買えないだろうけれど、社会人なら何とか手が届く価格で売られているハイアマチュア向けが一番なのだ。

初心者用の入門ツールは買ってはいけない。使っていても嬉しくないし、愛着が持てない。さらにこれは向いていないとなって止めるにしても、価値がないので転売したり人に譲ったりできない。一方で、ハイアマチュア向けなら次に使ってくれる人が見つかりやすい。

私が唯一、初心者向けのツールを買うのは、海外へ遊びに行くときだ。このときには、お茶碗と茶筅《ちゃせん》と茶さじがセットになった三〇〇〇円程度の安い茶道セットを買って持っていく。そして旅先のホテルでお茶を楽しむこともあるが、大抵の場合は使わずに、現地の人にプレゼントして帰ってくる。この場合は、安いものであっても、日本人が日本から日本のお茶のセットを持ってきてくれたと喜んでもらえることが多い。これ以外の目的で、初心者向けを買うことはない。

■コスパという視点で考える

遊ぶにはツールが必要だが、それは要するに、趣味にはお金がかかるということである。

もちろん、テレビを見たり、散歩したり、持っているCDやレコードで音楽を聴いたりするだけならお金はかからない。それで満足できるなら、それでいい。私にとって読書は、HONZによって仕事のようになってしまったが、しかし、趣味は何かと聞かれれば「読書」と答えていた時代が長い。これまでの人生で最も時間を費やした遊びは読書であり、それは今後も変わらないと思う。私にとって読書は、それほど身近な存在だ。

ただし、繰り返しになるが、読書は遊び。勉強のつもりで読書をしたことはない。もちろん本で勉強することもあるが、それはあくまでも勉強・学習であり、読書ではない。別の言い方をすれば、勉強のために本を読むという行為は、私の中では読書にカウントされないのである。

その読書は、最高にコストパフォーマンスの高い遊びだ。図書館を使えば出費はゼロ、本を買ったとしても、その一冊でどれだけの時間を楽しめるだろうか。

しかし、趣味を増やしながら、その都度ハイアマチュア向けのツールを買っていては、破産してしまう。だから、あまりお金をかけずに長く楽しめる、コストパフォーマンスの高さという視点で遊びを探し、いくつもの趣味の一つに加えることも必要だ。

私が好む遊びの中では、プラモデルのコストパフォーマンスもかなり高い。数千円のキットでも何カ月間は製作を楽しめる。没頭時間当たりのコスパは高いのである。

また、安いことを面白がる遊びもあるだろう。

たとえば、アートを部屋に飾ることだ。何万円も払って高い絵画を買わなくても、安い画集や写真集を見つけ出し、気に入ったページを本体から切り離し、ちょっとした額装をすれば、あっという間にアートのできあがりだ。

タッシェンという出版社から出ている画集には著名な画家のものが揃っているうえに、安いわりに紙の質がいい。だから額装して飾るのには最適だ。見た人は誰もが、わざわざ高級なアートを買ったに違いないと思うだろう。そういったギャップを生むのもまた面白い遊びである。

なお、額装でおすすめは二枚の透明アクリル板で挟むだけという方法。二枚のアクリル板の間に、裏に両面テープを貼った絵と、四隅にスペーサーとして小さな球を挟むだけだ。こうするだけでじつに見映えが良くなる。以前は、額装しようと思ったら専門家に依頼するしかなかったが、今は自分でも工夫次第でなかなかいい額装ができる。

■オリジナルの遊びの開拓者となれ

私は遊び始める前に本を読むが、それは、ある程度できあがった遊びという世界に私が入門するときに限ってのことだ。オリジナルで思いついた遊びのことは、広い世界に同好の士が何人かはいるかもしれないが、本にまではなっていないことが多いので、この手の遊びは、思いついたらすぐやってみるに限る。そうしないといつの間にか忘れてしまうし、オリジナルの遊びの始祖となるチャンスを失ってしまうことにもなりかねないからだ。

やらない後悔よりやった後悔のほうがいいとよく言われるが、遊びについても同じこと。命に関わるとか、莫大な予算がかかるなどでない限り、思いついたらやってみることだ。

私は、高校の教科書をつくっている会社に取材に行くという仕事をしていたことがある。それは、日経ビジネスオンラインで『教科書を追え！成毛探偵社』という連載になったので仕事という言い方をしているが、実際のところは遊びである。現在は教養ブームのまっただ中にあるが、もしかすると高校時代の教科書を読み返すことが、教養を身につけるには適しているのではないかと思ったのがきっかけだ。

教科書販売会社に出かけて行って教科書を買い揃え、読んでみるだけでもいいとは思ったが、この面白さをほかにもわかってくれる人がいるのではないかと周りに話をしてみたところ、案の定、賛成してくれた人がいたのである。

以前、週刊東洋経済と、東洋経済オンラインで連載していた『成毛眞の技術探検』もそうだ。企業や研究施設が持っている巨大な施設や最先端の研究装置に興味があり、それを見たいがために思いついた企画だった。

これも、知り合いの編集者が賛同してくれたことで、遠くはスイスとフランスの国境沿いにある物理実験施設にまで出かけ、最終的には新潮社から『メガ！』という単行本として世に出すことができた。

もしも連載という仕事にならなくても、自力でできるところまではこれらのテーマで遊び尽くしていたと思うが、編集者が賛成してくれたのは、ほかに類のないテーマだったからだと思う。やはり新しい遊びは、すぐやるに限るのだ。

■名前をつければそれは立派な遊びになる

日頃、何となくやっていること、好きなことを自分の趣味だと思うと、それだけで見方が変わってくる。背徳感がなくなるのだ。

「こんな無駄なこと」「こんなことに時間を使って」などといったネガティブな思考

が、消えてなくなる。なぜなら、役に立たない無駄なことに時間を費やすのが遊びというものだからである。

日常に潜むそれを遊びと認識するには、何らかの名称が必要だ。だから私の場合、たとえばいろいろなことをやってみては飽きて別のことを始めることに「遊び探し」と名前をつけて、それを趣味だと受け止めている。

名前をつけることとは、見落としがちだが案外と大事なことである。

また、読書、映画鑑賞、料理、旅行などといった履歴書の趣味欄によく書かれがちな趣味については、細分化してみることをすすめたい。

たとえば、ノンフィクションの読書、ドキュメンタリーの映画鑑賞、スペイン料理、一人旅などである。このとき、小説も読むとか、アニメ映画も観るとか、イタリアンもつくるとか、友達とも旅に行くとかいった事実には、あえて目をつむる。なぜなら目的は、趣味に際立つ名称をつけることだからだ。

もっと際立たせてみる。

文庫版で読めるノンフィクションの読書、犬が出てくるドキュメンタリーの映画鑑賞、グラナダ料理、各都道府県の第二の都市への一人旅。こうなると、とたんに趣味色を帯びてくる。

もちろん、やっていないことを趣味とするのには無理があるが、そういった視点で周囲を見てみると、世の中にはじつに多彩な趣味があることや、自分は意外と多趣味であることも見えてくる。

高橋秀実氏の著作に『趣味は何ですか？』（角川書店）という名作があるが、その問いにはどう答えてもいい。しかも「それは何ですか？」と問い返されるような、一言で答えられるものだと、なおいい。

第4章

ずらせばずらすほど遊びは面白い

■ずらして遊ぶ

「人生を楽しむ秘訣は普通にこだわらないこと。普通と言われる人生を送る人間なんて、一人としていやしない。いたらお目にかかりたいものだ」――これはアインシュタインの言葉だが、その通りだと思う。普通の人などいないし、普通を目指す必要もない。

冬になると毎週末のようにテレビ中継されるマラソンや駅伝は、人気のあるスポーツだ。F－1などモータースポーツにも多くのファンがいる。だから多くの有名企業が自社に有力な選手を集め、予算をかけて参戦している。顔ぶれはほぼ決まっていて、そこに別の企業が新たに参入し、確固たる地位を築くのはかなり難しい。

であれば、少しずらせばいい。人や車を走らせるのではなく、別のものを走らせて優劣を競うのだ。

その発想が、ある面白いイベントを実現させた。

いす－1グランプリだ。公道で、ヘルメットをかぶって膝にサポーターをつけた人が事務椅子に座ったまま走り、そのタイムを競うのである。キャスターのついた椅子でオフィス内を移動したことがない人などいないだろうが、それをオフィスの外でもやってみようという〝遊び心〟が、このイベントを生んだ。

二〇一〇年に京都・京田辺《きょうたなべ》で発祥したこのスポーツは、二〇一五年十月には東京・京橋で、二〇一六年四月には台湾で大会が開かれるまでに及んでいる。東京の大会ではダントツの成績でコクヨが優勝し、二位には岡村製作所、三位には同着でゼンリンと関家具が入った。ゼンリン以外の三社は、すべて椅子の製造・販売を手がけている。

日本事務いすレース協会という団体もあり、Ｗｅｂサイトによると、

《日本事務いすレース協会（JORA）は、どんなに過酷な状況下においても決してあきらめない大人の背中を子どもたちに見せる事を通じ、全国各地の青少年の健全育成と、地域経済活性化を目的として設立するものとする。また、我が国における各種事務椅子競技を統括し、代表する団体として事務椅子競技の普及及び振興を図り、競技者を育成強化し、事務椅子競技を通じて、国民の心身の健全な発展に寄与し、また豊かな人間性を涵養することを目的とする》

とのことで、何とも真面目にやっているのがおかしいではないか。

これなら、マラソンや駅伝、モータースポーツに興味がない人からも、応援されそうである。なぜなら、事務椅子に乗った大人が真面目にタイムを競うという、ちょっとずれた視点が面白いからだ。「先週末はいす－1に参戦していました」という人がいたら、話を聞いてみたくなる。

大人は何でも好きなことをして遊べばいいが、このいす－1のように、面白い方向へ本歌取りをした遊びは、参加する人だけでなく、それを見る側、話を聞く側にも面白さをもたらす。こういった三方一両損ならぬ三方一両得のような遊びを、自分の定番の遊びに加えるのもいいだろう。

「マラソンをしている人」はたくさんいるが、「いす－1レースに打ち込んでいる人」はそうはいない。覚えてもらいやすいし、自己PRにもつながりやすい。

■意外な趣味が面白い

知り合いのダイヤモンド社の編集者である中野亜海さんは、ギャル風のファッションが好みのようでいつもミニスカートをはいている。実際のところはわからないが、私の中では彼女＝ミニスカートだ。

その彼女の趣味が、クラブで踊ることやキラキラしたネイルであるなら驚かないが、じつは小唄と端唄《はうた》といった三味線を趣味にしていると知って驚いた。それも、子どもの頃から習っていたわけではなく、大人になってから始めたのだそうだ。早々に名取になり、たまに落語会で出囃子《でばやし》を弾いたりしているらしい。人は見かけによらぬものという話をするときに、いつも彼女のことを思い出す。

東洋経済オンラインの編集長の山田俊浩さんは、音楽家でもある。オーボエを長年、続けていて、今も忙しい合間を縫って市民楽団で演奏をしているという。経済ニュースを抜いた抜かれたとやっていながらクラシックを奏でるというのも、意外である。オーケストラには阿吽《あうん》の呼吸があり、その経験がチームで動く編集部をまとめることに役立っているという。

どんな人にも「らしさ」がある。浅草や岸和田で生まれ育った人が祭り好きならそれはいかにもそれらしいし、電機メーカーに勤めている人の趣味がオーディオというのもじつにわかりやすい。しかし、それはあまり印象に残らない。

意外な趣味は強烈な印象を与える。だから、何を趣味にしようかと考えているなら、自分のイメージとほど遠いものから選ぶのもいいのではないか。そうでなければ、誰もしていないような遊びを見つけるかつくるかして、それを始めてみるのだ。

■日本百名山を登らずに見る

日本百名山といえば、登山家憧れの「制覇したい一〇〇の山」だ。全峰踏破を指南する書籍もツアーも存在するし、ＮＨＫには『にっぽん百名山』という番組まである。山に登れば、じつに健康的で清々しい気分を味わえるだろう。聞くところによると、一筆書きで全峰踏破を達成した人もいるという。何という偉業だろう。

百名山には興味があるものの、私にはそこまでの気力と体力がないので、せめて百名山を見たいと思っている。登って素晴らしい山なら、眺めても素晴らしいに違いないからだ。それに、眺めるだけなら体力は問題にならないので、いくつになっても続けられる。しかも、たとえ一般人でも登頂できる筑波山のような山でも、登らないで見るだけにするのだ。「百名山をすべて見て、しかも登らなかった」という、誰にでもできて、ほとんどの人がやらない遊びなのだ。

多くの人がする遊びをする場合は、縛りを設けると趣が生まれる。

今は、Instagram などのＳＮＳにたくさんの人が写真をアップロードしているが、それにも縛りを設けると、とたんに面白みが増す。

京都に行くたびに思うことがある。それは「今日の京都ではいったい何枚の写真が撮られたのか」ということだ。京都府には年間八〇〇〇万人を超える観光客が訪れる。一日平均約二〇万人だ。その人たちが全員二〇枚ずつ写真を撮ったとしたら、四〇〇万枚。京都では一日に四〇〇万枚の写真データがつくられることになる。

その中には、かなりの重複があるだろう。誰だって東寺の五重塔や金閣寺、嵐山の渡月橋などは写真に収めるだろうからだ。

これに縛りを設けるとなると、まず、自撮り棒で自分を取り込んでの撮影が考えられるが、これもじつに多くの人がやっているので、それだけでは際立たない。

そこで、時計をした自分の腕や、その日持っているドリンクのペットボトルと一緒に撮り続けることで、その人だけのオリジナルの、京都観光記念写真集ができあがる。どこへ行ってもその撮影方法を貫けば、旅先での遊びは「旅先での写真撮影」から「旅先での腕時計込みでの写真撮影」に変化する。

また、京都に限らずにあちこち旅行するのが好きならば、訪れた先の市町村役場の写真は必ず撮るとか、郵便ポストを見つけたら必ず撮るなどといったルールを設けてもいいだろう。

都市にはルイ・ヴィトンなどのブランド店が多いが、それを見つけたら必ず撮る、というのもいいだろう。最初はただ撮っているだけでも、そのうちルイ・ヴィトンの出店パターンが見えてくるかもしれない。

ただ、こういった縛りは、好きでなければ続かない。やはり縛りは、好きなもの、自分の個性を表すもので設定したほうがいい。

私の知り合いの文藝春秋の編集者である柏原光太郎さんは、毎朝のようにお子さんのためにつくったプロでも驚くほどのお弁当の写真をアップしている。彼はもちろん食通だ。何しろ柏原さんは『東京いい店 うまい店』（文藝春秋）の編集長も兼務しているのだ。また、出張ケータリングなども行っているほどの腕前だ。そういうキャラクターの人による弁当の写真なので、つい、見てしまうのである。

■ルーティンを少しだけずらす

ある出版社に勤務する斎藤順さんは、走ることを趣味にしている。マラソン大会にも積極的に参加し、ベストタイムは三時間台の前半だという。それも頷《うなず》けるほどの、スリムな体型をしている。しかし彼は「昔はすっごくデブでした」と言う。

ではなぜ走り始めたのか、ダイエットのためなのか。そうではない。終電がなくなったからだという。

ある晩、飲んでいたら終電がなくなった。正確に言うと、最寄り駅の手前の駅まで行く電車にしか乗れなかった。ほろ酔い気分でその手前の駅で降りた彼は、酔っ払い独自の自由な発想を発揮して、家まで走って帰ることにした。なぜそう決めたのか、よくわからないと、本人は今、証言している。また、酔って走るのは絶対にダメだとも断言する。

しかしそのとき、二キロくらいの距離を走れたことが、彼には驚きであり、楽しくもあったのだ。それが彼をランニングに駆り立てた。もし、終電が最寄り駅まで到達していたら、彼はランニングと出合うことはなかっただろう。

ハマれる遊びに出合うチャンスは、どこにあるかわからない。メーテルリンクの『青い鳥』で探されていた幸せのように、案外と身近にあるのかもしれない。それと出合うには、そう思いきったことをする必要はない。普段のルーティーンをちょっと変えるだけでいいのだ。

そこで出合うのがランニングなのか、ラーメン屋なのかはわからないが、いつもと違うところにこそ、新しい発見が眠っているのは確かだ。

■遊びと遊びを掛け合わせると新しい遊びが生まれる

どんな遊びにしても、楽しみ方は人それぞれだ。

鉄道でも、乗るのが好きな「乗り鉄」、車両の写真を撮りたい「撮り鉄」、走行音や発車ベル音を録音する「音鉄」、車両そのものが好きな「車両鉄」、時刻表ラブの「スジ鉄」、そのものずばりの「駅鉄」、鉄道模型に愛を注ぐ「模型鉄」、廃線間近の路線を訪ねる「葬式鉄」など、じつにさまざまなバリエーションがある。

鉄道が特殊なのではない。あらゆる物事は、さまざまに楽しめるのである。

カメラなども、かなり細分化された遊びと言える。撮るのが好きと一言で言っても、風景を撮るのが好きな人と、猫を撮るのが好きな人と、飛行機を撮るのが好きな人とでは、あまり話が合わないかもしれない。

もっと話が合わなさそうなのが、メカとしてのカメラ好きである。どこのメーカーのカメラが好きなのか、一眼レフ派なのかコンパクトデジカメ派なのかスマホ派なのか、単焦点派なのかズーム派なのかで、まったく話が合わないだろう。私もカメラは好きだが、そういった派閥には属していない。ただ、好きなカメラには共通点がある。それは、新しい技術を搭載しているという点だ。

カメラはシーズンごとに新製品が出るので、そのたびに買っていては大変だ。しかしときどき、まったく新しい技術を搭載した新製品が発売される。前のモデルのマイナーバージョンアップではない、革新性に富んだカメラが登場することがあるのだ。そういうとき、私は迷わずそのカメラを買う。

カメラ集めや鉄道に限らず、いきなりすべての楽しみ方をしようとすると破綻する。だから好みで何鉄であるかを決めて、そこを楽しみながら、他鉄にも派生させていくのがいい。

スジ鉄が転じて時刻表の紙質に詳しくなる、駅鉄が建設技術を学ぶなど、鉄の枠を超えて楽しみを見出すこともあるだろう。遊びは一〇種類同時に行う派の私としては、鉄をすべてカバーするより、こういった派生のさせ方のほうが楽しいように思える。

では、どうやって派生させるのか。そこに頭を使うのは、仕事でどうやってイノベーションを起こすかを考えることに似ている。

世の中をあっと言わせるアイデアは、突飛《とっぴ》なきっかけで生まれることが多い。ただし、ゼロからは生まれない。すべてのものは、何かと何かの組み合わせによって誕生するからだ。そこで生まれるアイデアの希少性、革新性は、何と何を掛け合わせるかによって決まる。

このときの組み合わせが当たり前だと、当たり前のものしか生まれない。

自動車×ドライブ、食品×料理、アパレル×ファッション、これらの組み合わせからは、あまりインスピレーションも感じられない。

自動車×料理、食品×ファッション、アパレル×ドライブのほうが、ずっと可能性が感じられる。

しかしじつのところは、自動車×天ぷら、食品×ネクタイ、アパレル×首都高のほうが、ぐっと範囲が狭まる分だけ、ますます面白みが感じられる。

私が以前から、本は同時に一〇冊読めと主張し、そのものずばりのタイトルの本まで書いているのは、意外な組み合わせからアイデアを得るためでもある。誰も思いつかないようなコラボレーションを得るために、わざとバラバラなものに関心を振り分けるのである。

その視点で、今、ハマっている遊び、やってみたいと思っていることを見つめ直すと、自分だけのオリジナルの遊びが生まれる可能性が高い。

■遊びに感じるテクノロジー

レゴは子どもだけでなく大人にも人気の遊びである。他人がつくった大作を見るのも、自分でつくるのもじつに楽しい。小さなパーツを組み合わせて建物や乗り物、街をつくれるのはまさに創造的で楽しい遊びだ。

そのレゴの中でも、最近はテクニックシリーズが私のお気に入りだ。これはレゴ上級者向けの乗り物キットで、レゴの中でも組み立てが難しいタイプである。対象年齢は十二歳以上などと書かれていることもあるのだが、十二歳には無理ではないかと思うほどの大作だ。

ただし、難しいだけあって、できあがりは素晴らしい。テクニックシリーズの最大の魅力は、歯車やモーターを使ったギミックが盛り込まれているところである。ホイールローダーなどはラジコンで実際に動かすことができるのだ。ほかにも、空気圧で操作するトラッククレーンなどがあって、メカマニアには嬉しいシリーズだ。

コマを買っていた時期もある。回すコマのことである。

すぐに倒れるという印象があるかもしれないが、精密ゴマと呼ばれるタイプは三分以上、環境やテクニック次第では十分以上と、かなり長く回る。金属の塊《かたまり》から削り出したまさに精密部品を組み合わせてつくってある。

電池を使うハイテクゴマもある。価格は一五〇〇円ほどだが、電池が切れるまで回り続ける。こんなおもちゃを買って試していたのである。この時期の私の趣味は「長く回るコマ」であった。

いくつ買ったか覚えていないが、しかし、世の中にはさほどたくさんの精密ゴマがあるわけではないから、切手を集めたり全国の城を訪ねたりするよりは、簡単にコンプリートできる。これにハマっていたときに、コマはなぜ倒れないのか、どんな条件だと倒れるのかを調べたのは言うまでもない。

■趣味は三〇〇〇円

私の腕時計は、フォーマルな場で使うもの以外すべて、ラバーベルトのものである。そう話すと「なぜですか」と聞かれるが、そう聞かれるためにしているようなものだ。もし私が本物の腕時計好きだったら、ラバーベルトの時計だけを集めることはしなかっただろう。私の場合は時計好きなのではなく、ラバーベルト好きなのかもしれない。

腕時計は新製品が続々と現れるが、ラバーベルト付きに限るとそれほどでもない。その中から気に入ったものを二、三年に一本買っているのだ。この「ラバーベルトの腕時計」を集めるという遊びは、細く長く続いている。

こんな名もなき遊びについて堂々と語っていいのかと思われるかもしれないが、オリジナルの遊びなのだから、名前がないのは当たり前。命名し、堂々とそれが趣味だと名乗っていい。何だって、名前をつければそれは新しい趣味になる。

私は一時期、アマゾンで三〇〇〇円以下の面白グッズを見つけては、人にプレゼントしていたことがある。

たとえば、ながお食研という会社の「納豆ご飯 食べ残し」。これは、茶碗に食べ残した納豆ご飯の食品サンプルである。あまりにリアルなので、職場のデスクの上に置いておくと、周囲の視線を集めるだろう。そう思って、会社勤めの人にプレゼントしていた。このときの私の趣味は、間違いなく「アマゾンで三〇〇〇円」であった。

これに興味を持った人は、ぜひ愛好者が少なそうなジャンルに手を出したらいいと思う。

模型は楽しむ人の多い遊びだが、これもジャンル分けしていくとかなり細分化できる。

たとえば、日本人はプラモデルが好きで、メーカーは日本とチェコに集中している。木製の帆船模型に強いのはイタリアとスペインだ。飛行機と機関車の模型はなぜかイギリスが強く、アメリカに行くと、これがとたんにエンジン物になる。エンジンの場合は模型と言ってもかなり本格的なもので、どうやって自作したのかと思うようなジェットエンジンの燃焼実験の様子が、YouTubeで多数公開されている。ドイツは鉄道模型にも強いが、国際錫《すず》人形フェスティバルを開催するくらい、その道の愛好家も多く抱えている。

すると、これから模型を始めるなら、日本で先駆者の多いプラモデルではなく、錫人形を選ぶという選択肢が出てくる。日本では少ないので希少価値が生まれるし、インターネットを使えばドイツから購入することも難しくない。もちろん、錫人形に興味が持てないならそこまでする必要はないが、地域差を使って王道からずれるのは面白いと思う。ガーデニングなどにも地域差はあるはずなので、どこかに絞ってみるのも手だ。

■お金は極端に使え

遊びに使える時間が限られているのと同じで、お金にも限りがある。

遊びにお金をどう使うかは大きな問題だ。しかし、使える金額に制限があったほうが、その遊びは深く楽しめると私は思う。

小学生の頃、遠足に持って行っていいおやつは三〇〇円までというルールがあったという人は多いだろう。遠足そのものよりも、この三〇〇円でどんなお菓子を買うかが楽しみだったという人も、かなりの数いると思う。三〇〇円という足かせが、お菓子を買うという楽しい行為をゲーム化し、さらに楽しくしているのだ。

このとき、ラムネに五〇円、キャンディに一〇〇円と細かく積み上げるタイプと、どんと大物に三〇〇円全額を使うタイプがいる。私は後者である。なぜなら、お金は極端に使うべきだと思っているからだ。それに、三〇〇円一点買いは、それだけで周りの話題になる。じつにおいしい選択である。

満足感もまた、ひとしおだ。「三〇〇〇円、全部これに使っちゃった」という背徳感に似た快感は、なかなか悪くないものだし、いつまでも記憶に残る。何に使ったかわからない三〇〇〇円より、エピソードを手に入れられる三〇〇〇円のほうが、価値が高い。

今も、誰かと食事をしたり飲んだりするときには、そこそこの店を転々とするのではなく、どかんと大きな印象を与えられる店と、特徴も当たり障りのない店とを使い分けている。それはすなわち、お金の使い方にメリハリをつけているということだ。

私は興味のあるものにお金を使うことに躊躇しないが、その分、興味のないものについてはどうでもいいと思っているので、安いもので済ませることが多い。普段着はユニクロ派なのだ。

何かをとことん楽しむなら、ほかの何かについてはとことん捨てる。お金の使い方についても〝平均的〟から離れることが、人生を遊ぶコツである。

■人の頭の中に居場所をつくる

この世で一番好きな場所が家である私にとって、家をどう心地よくするかを考えることは、いくらか使命感を帯びた遊びである。第3章で書いたように絵画で家を飾ることは、若い頃からやってきた遊びの一つだ。

今も、やや高額な絵画と、そうでもない絵画とを並べて飾っている。やはりここでも縛りがあって、リビングにはピエロの、キッチンには食材の絵と決めている。ただしその種類は、油絵あり、リトグラフあり、サイズもバラバラだ。ただ、ピエロや食材という軸があるから、それでも違和感はない。

こうしていると、画廊などを通りかかっても「ピエロはいないか」「食材はないか」と、明確な目的を持って中をのぞくことができる。テーマを持っていると、店の人にも「ピエロ、入りましたよ」などと声をかけてもらえるようにもなる。

私には興味はないが、絵画をコレクションする人の中には、その後、価格が上がることを期待している人もいて、それはそれで面白い遊びだとは思う。アービトラージという、安く買って高く売るというビジネスの基本そのものだからだ。

私はかつてこのアービトラージを、本で行っていたことがある。大学生のときに、神田古本屋街で売られているSF小説と、親戚の家の近くにある古書店のそれの価格づけがまったく異なることに気づき、「これは神田でならもっと高く売れる」「これは逆にあの古書店で売れる」と、安く買って高く売っていたのだ。それができたのは、SF小説を何百冊と読んでいて、また、SF小説についての情報収集もしていたからだ。好きでやっていたことが、いつの間にか小遣い稼ぎになってしまったのである。

話を絵に戻すと、アービトラージだけでなく、絵画ならではの見て愛《め》でる、あるいは、絵画のプロである画廊のスタッフと仲良くなるという楽しみ方もあるはずだ。

私の場合、絵画はこれを自宅に飾ったらどうなるかという視点で見ているので、漫然と絵を見るのとは違う刺激が得られる。買うことのできない、美術館などでも同じ意識で絵を見ているので、記憶にも残りやすい。

また最近、部屋に飾るアートを自作している人のことを知った。アートを自作するのはそう珍しいことではないが、その人のアートの原材料は、すべて百円ショップで買ったものである。こうなると、とたんにどんなものを買ってどんなものをつくるのかに興味が湧くし、百円ショップに行ったときにはその人のことを思い出し、自分だったら何と何を組み合わせるかを考えてしまう。この時点でその人は、私の頭の中のある一部分に居場所を確保したことになる。それくらいの影響力を持てると、ますますその遊びは面白くなる。

■外食で遊ぶなら、プロと仲良くなるに限る

プロと仲良くなると、その遊びがより一層楽しくなる。

先日、札幌で有名なフレンチレストランへ出かけた。料理はもちろん、ワインも十分に期待できる店である。それを目当てに来たのだろうか、近くのテーブルにはワインリストをじっくり眺めているグループがいた。

私もワインを楽しみにしていたが、自分で選ぶことは放棄した。それだけ評判の店には、必ずいいソムリエがいるからだ。その人の知識を借りることにしたのである。

ソムリエを呼んで、ワインの予算はその日のコース料理の価格の一・五倍であることと、コースにぴったりのワインをすすめてほしいというリクエストを伝えた。するとソムリエは「なるほど、勝負しますか」と、何とも嬉しそうに闘志をむき出しにしてくれた。

そして、素晴らしいワインを選んでくれただけでなく、「これも試してみてください」「こんな珍しいものもあります」と、説明をしながら何種類ものワインや食後酒をサービスしてくれた。テーブルの上には所狭しとグラスが並び、そこだけを見ると格安の居酒屋のようだった。

私はおいしい食事とワインを楽しめたうえ、ソムリエからいろいろなことを教えてもらえた。ソムリエにも、プロとして頭をひねり教える喜びを感じてもらえたのではないかと思う。

一方で、都内にある一軒家の老舗《しにせ》天ぷら屋には、短期集中で足繁く通った。最初の一カ月で四回くらい通ったと思う。

　一緒に行ったのは毎回、別の人である。すると店主は、毎回私の隣の席に座っている同行者に、開店の由来、自分の服装、店の内装など、話したいことを話してくれる。私はその話を何度か聞いているが、同行者にとっては初めてなのでじつにいいリアクションをしてくれる。それが店主の気持ちを盛り上げる。ついには、店主に覚えてもらえたうえ、リップサービスかもしれないが、「もう何年も通ってくれていますよね」と言ってもらえた。

　私は食べ歩きはしないが、こうやってプロと仲良くなれる店を増やすことには楽しさを感じている。外食に関しては、多くの人がやっている流行追求型でも、コンプリート型でもない遊び方をしているのだ。

　そうやって通う店のことは、案外と、テレビを通じて知ることが多い。特に歌舞伎役者がテレビ番組などで紹介している店には、まず外れがない。粋な人たちが行く店は、やはり粋なのである。テレビ放送からしばらく経ち、混雑が収まった頃を見計らって、続けざまに通う。

ポイントは「続けざま」だ。月に一回、一年間で計一二回通うより、週に三回を四週続けた一二回のほうが、強い印象を持ってもらうことができるからだ。そうやって一度、覚えてもらえれば、たとえば半年のインターバルを置いてから出かけていったとしても、私のことを忘れずにいてくれると思う。

そうやって仲良くなった店がもう一つある。都内にあるその店は、たいそうおいしい和食の店なのだが、カウンターの中にいるのは料理のプロでもあり、接客のプロでもあるので、じつに居心地がいい。高級店の部類であるにもかかわらず「これはボンカレーと合わせるとおいしいのでは」などと冗談半分に言っても、「じゃあ、買ってきましょうか」などと返してくる。こういった関係は、通い続けないと得られない。じつに楽しい遊びだと思う。

また、食べ歩きは東京圏ならではの遊びでもある。東京圏以外の多くの地域では歩いて回るほど飲食店がないからだ。私が生まれ育った、人口約一九〇万人の札幌ですら、それを趣味とするのはなかなか難しいと思う。その点、仲のいいプロがいる親しい店をつくるという遊びは、どこででも楽しめる。

■東京圏ならではの遊び・地方ならではの遊び

食べ歩きは東京圏ならではの遊びだが、ほかにも、地方では難しいのではないかと思われるものがある。それは観劇だ。歌舞伎なら京都、福岡、名古屋で定期公演があるが、一般的な演劇は東京だけということが多いし、オペラもそうだ。美術展なども東京だけということが多い。東京の人は案外、この恵まれた環境に気づいていないが、せっかく東京に住んでいるなら、こういった遊びに積極的になればいいと思う。

一方で、地方ならではの遊びもある。まず、車だ。東京圏は駐車場を持ちにくいので車も持ちにくい。ゴルフも、地方のほうがプレイ環境に恵まれている。

そして、デアゴ系の遊びも地方向きである。

デアゴとはデアゴスティーニ、分冊を売っている出版社のことである。冊子だけのこともあるが、大抵は付録つきで、その付録を集めるとコレクションが完成したり、組み立てる模型やジオラマなどのすべてのパーツが揃ったりという仕組みだ。デアゴスティー二以外の出版社でも、この手の付録つき冊子を販売しているところがある。

私もこれが好きで何種類も買っているのだが、保管の場所が必要という欠点がある。地方の広い家に住んでいると特に気にならないかもしれないが、東京圏に住んでいるとこれは由々しき問題である。

何しろ『スター・ウォーズ』に登場する「ミレニアム・ファルコン号」の模型は、完成すると八〇センチもの長さになるのだ。

■人の遊びを横目で見るという遊び

SNSが発達したことで、他人の遊びを簡単にのぞき見ることが可能になった。

私は最近、山登りを楽しみにしている。私が登るのではなく、よく山に登る人のSNSへの書き込みを楽しみにしているのである。素晴らしい景色の写真あり、ちょっとした失敗談あり、じつに面白い。長過ぎず、自慢していないのも好感が持てる。いや、もしかすると自慢しているのかもしれないが、見ているこっちが素人なので、それに気づかないのである。

直接の知り合いではない人のことも、山の写真を見て、エピソードを読むためだけにフォローしている。私にとってＳＮＳは、他人の趣味を傍観するのにうってつけのツールなのだ。

極左の人、極右の人のこともフォローしている。どちらの思想にもシンパシーを覚えることはないが、何かの思想にこりかたまった人々が、何に関心を持っているかを観察しているのである。極端な言い方をすれば、昆虫同士の戦いの観察のようなものだ。

ＳＮＳの投稿を勝手にのぞいているだけなので、うんざりしたら読み飛ばしたりフォローを止めたりすればいいだけなのも、気が楽だ。

ＳＮＳではほかにも、関心のある分野に強い人、面白いコメントをしている人のことはフォローするようにしている。その結果、会ってみた人もいる。たとえば、HONZのレビュアーの一人、大阪大学大学院教授の仲野徹氏とはＳＮＳで出会って、それから実際に会って、一緒にHONZで活動するようになった。ほかにも、東大病院の小児心臓外科医の先生など多くの専門家と、ＳＮＳを通じて会っている。〝出会い系〟としてＳＮＳを使うのも、私の好きな遊びの一つだ。

■テレビはのぞき見と興味のきっかけ探しに便利

最近はテレビを馬鹿にして見ない人が多いようだが、もったいないことだと思う。なぜならテレビは情報だけでなく、遊びの宝庫だからだ。他人の遊びをのぞき見るのにうってつけのツールが、テレビである。

『ブラタモリ』や『タモリ倶楽部』はもちろん、『探検バクモン』なども、著名人の趣味をのぞき見るためにつくられたかのような番組だ。『孤独のグルメ』や『吉田類の酒場放浪記』などは、ぜひ同じ店に行ってみてくださいと言わんばかりである。

また、『所さんの目がテン！』などの軽い教養番組やドキュメンタリーには、必ず「へえ、そうだったんだ」という発見がある。すると、それをネットで調べることになる。

Wikipediaを読むだけでは飽き足らなくなり、個人の趣味サイトを巡り、アマゾンで関連書を買ってしまったりもする。こうやって、新しい遊びへの道がつくられる。

●国際報道2016（NHK BS1）
●プロフェッショナル 仕事の流儀（NHK総合）
●ドキュメント72時間（NHK総合）
●アナザーストーリーズ 運命の分岐点（NHK BSプレミアム）
●ブラタモリ（NHK総合）
●ぶらぶら美術・博物館（BS日テレ）
●日曜美術館（NHK Eテレ）
●KIRIN～美の巨人たち～（テレビ東京）
●世界水紀行（BS日テレ）
●新日本風土記（NHK BSプレミアム）
●コズミックフロント NEXT（NHK BSプレミアム ）
●サイエンスZERO（NHK Eテレ）

我が家では、ＢＧＭのようにテレビをつけっぱなしにしている。大抵は、録画した教養番組、ドキュメンタリーである。週に四八番組と録画数が多いので、一・三倍速で再生していることが多い。それを見て次の旅行先を決めたり、仕事の企画のヒントにすることもある。こうなると仕事になってしまうのだが、それも悪くない。テレビはどんどん、見たほうがいい。

なお、私が録画予約をしている番組（の一部）は上の表の通りである。

■積層系は一刻も早く始めよう

私には遊びについて後悔していることが一つある。それは、盆栽を早くに始めなかったことだ。盆栽は、成長は遅いが何年も楽しめる、時間が経てば経つほどじわじわと楽しさが増す遊びである。海外でも「BONSAI」という言葉が定着し、すでに輸出額は一〇〇億円に達していると見られている。国内では下火になったように思われるが、そのうちに逆輸入が始まるだろう。若い人は、今すぐに盆栽を始めたらいいと思う。

同じことが歌舞伎見物にも言える。歌舞伎は、観に行ったことがある人ならわかると思うが、見物者は高齢者ばかりである。ある程度の年齢になると、歌舞伎に興味が湧くようにできているのだろう。中高年でも歌舞伎初心者という人は少なくない。

だからこそ、若いうちから歌舞伎を観ていると、同世代の中では歌舞伎に詳しい人になれる。「あ、私は四十年前から見ています」と言えるのだ。歌舞伎を観に行くと『筋書』というパンフレットを売っているので、それを買って揃えておけば、記録にも記念にもなる。私は必ずそうしている。

そこには、続けているからこそわかる喜びがある。それは伏線の回収に似ている。「今回のこれは、あのときのあれに似ている」「あの役者の子どもがついに親の当たり役を演じるようになったか」など、誰から教わらなくても自分の中から、目の前のものをより面白がれるスパイスのようなものを取り出せるのだ。これは、初心者にはできない楽しみ方である。

ただ、歌舞伎の見物料は高額だし、公演の場所も限られている。だから何も毎月、観に行かなくてもいい。年に一度を十年間も続ければ、それは相当なキャリアとなる。先ほど述べた親しい店をつくるのとは真逆のペースでいいのである。

ただ、積層系の遊びと親しい店づくりはつなげることができる。

自分が親しくなった店に、ある程度大きくなった子どもを連れて行って、親子二代で親しい店とするのである。すると子どももいつか、孫を連れて通うようになるかもしれない。世代を超えての積層系の遊びがここに誕生する。よく、三代続かないと江戸っ子ではないなどと言うが、江戸っ子ならぬその店の常連の始祖に、自分がなるのもなかなか粋ではないかと思う。

ここで気をつけなくてはならないのは、こちらは何代も続けたくても、親しくなった店がなくなってしまうことがあることだ。私も以前、気に入って通っていた店がある日突然閉店し、呆然としたことがある。だからこの遊びを仕掛けるなら、何年も続いている、そしてこれからも続いていきそうな店に限る。

歌舞伎の魅力は、これまで何百年と続いてきたものだから、この先、何十年かでその歴史に幕を下ろす可能性が極めて低いところにもある。どれだけこちらが積層しても、その土台が消え去るようなことがあっては、楽しみが奪われるだけでなく、脱力感に見舞われてしまうだろう。

■子どものゲームは禁止すべきか

盆栽のような積層系の遊びは若いうちに始めたほうがいいが、体験系の遊びもまた、できるだけ早いうちにやっておいたほうがいい遊びである。

まず、年を取るとできなくなる遊びがあるからだ。

ジェットコースターに乗るのに年齢制限があるのをご存じだろうか。富士急ハイランドのジェットコースターFUJIYAMAに乗れるのは、六十二歳までである。いつでも乗れると思っていると、あっさり乗れなくなってしまうのだ。後悔したくなければ、早めにクリアしたほうがいい。

体験系の遊びは、一度やったら満足する人もいるかもしれない。しかし、やってみて面白かったら、また何度もやってみたいと思うのが普通ではないだろうか。だから私は、体験系の遊びのことも、若いうちにやっておけばよかったと思っている。もしも今からジェットコースターに乗ってみて、その面白さに気づいたとしても、年齢制限を考えると、あと何年かしか楽しめない。それはとても悔しいことだ。

だから、一度やったらそれでよさそうに見える遊びであっても、早いうちにやっておくに限るのだ。よく言われるように、これからの人生で最も自分が若いのは今である。だから、ぼやぼやしていないで、いろいろな遊びを体験したほうがいい。そしてそこから、楽しくハマれる遊びを見つけ出すのだ。

また、早めのほうがいい理由はもう一つある。

多くの子どもにとっては学校が世の中のすべてだ。しかし、学校の外で遊びをさせると、学校の外にも世の中が広がっていることがわかるので、子どもの視界は広くなる。

しかも、スキューバダイビングや乗馬など、子どもでも下のレベルのライセンスが取れるものは、体験だけでもさせておいて損はない。

「ライセンス取得は何歳から」という制限があるなら、それをクリアした時点ですぐに取らせる。もちろん、子どもがそれを好きであるのが大前提だが、自分が「史上最年少（かもしれない）ライセンス取得者」であることは、子どもにとって大きな自信になるのだ。

また、子どもとの遊びには、ゲームもおすすめしたい。

子どもと一緒に遊ぶ。そう考えたとたんに、自分はさほど好きではないのに、キャッチボールなどを提案したがる大人がいる。きっと、外でのびのび遊んでほしいということなのだろう。それを提案する側の親がキャッチボールが好きなのであれば、それはどんどん子どもに提案したらいい。しかし、普段、自分がキャッチボールをしていないのであれば、子どもに合わせた遊びを提案することはない。

子どもとは、いつも自分がしていて面白いと思っている遊びを一緒にすればいいのである。

私の場合、娘とはロールプレイングゲーム（RPG）で遊んでいた時間が最も長い。もちろん、大人も多く遊んでいるタイプのネットワークゲームだ。私が好きだったので、それで一緒に遊ばないかと誘ったのである。

「子どもとゲームをするなんて」と眉をひそめる人もいるかもしれないが、それはゲームを理解していない人が陥りがちな思考だ。もしも遊びを通じて子どもに何か役に立つことを教えたいと思うなら、ゲームを一緒にするに限るのである。

ゲームを勝ち抜くには、スキルが必要だ。弱いと負けてばかりである。そこでトレーニングの必要性を学ぶ。

ネットワークゲームの敵でもあり味方でもあるのは、ネットにつながっている他のプレイヤーだ。同じゲームに参加している人と争うので、人間はどう振る舞うかもわかるようになる。同じ陣営の人とチームを組んで戦うには、どういった工夫が必要なのかも学べる。

また、この手のゲームの世界は広い。画面に見えている部分だけがゲームの舞台ではない。ゲームをしていると、自分の目の届く範囲の外でも、同時並行でさまざまなことが起きていることを実感できる。

それに、ゲームとはいえ負ければ悔しい。悔しい思いをしたくなければ勝つしかない。では、勝つにはどうしたらいいか。それを考えるようになる。

こういったことは、人生のあらゆる局面でリアルに起こることだ。生きている人間は誰しも、ゲームをプレイするように選択し、戦い、勝ったり負けたりしているのである。

ゲームはある意味で、人生を遊びながら学べる場だ。

だから「子どもとゲームをするなんて」というのは見当違い。「子どもにゲームをさせないなんて」が正しい。

ところで、子どもの頃にＲＰＧにハマった人におすすめのＲＰＧがある。『いけにえと雪のセツナ』だ。絵と音楽が美しく、ほかのＲＰＧに比べると、求められるプレイ時間が短いし、しばらくプレイしなくても、どこまで進んでいたかが簡単に思い出せるありがたい仕組みが整っている。スマホで遊べる『ケイオスリングスⅢ』もおすすめだ。

■子どもに勉強させたければそれをゲーム化せよ

「もっと遊びなさい」という親があまりいないのと同様に、「もっと勉強したい」という子どもも滅多にいない。多くの子どもにとって勉強は、苦痛なのである。

では、遊びと勉強を隔てるものは何かというと、それを「したい」と思う気持ちである。だから、子どもに勉強をさせたければ「勉強しなさい」と言うのではなく、勉強を遊びにするしかない。

そのヒントになるのが、第2章で書いたゲーミフィケーションだ。「いつか役立つ」「試験に出る」などという言葉はモチベーションにならないが、勉強するとわかりやすくポイントが貯まり、わかりやすくスキルが上がり、わかりやすく報酬が得られれば、子どもにとって、それはもはやゲームである。黙っていても、どんどん取り組むことは間違いない。

問題は、そのゲーム設計が、ゲームを知らない人にとって簡単ではないことだ。どういった目標を設定するか、それに対する報酬はどうするかを上手く組み立てないと、簡単過ぎるゲームや、攻略をあきらめたくなるゲームになってしまう。裏を返せば、ある程度ゲームを知っていれば、ゲームをするように勉強する子どもを育てることは、そう難しいことではない。現在、教育界でゲーミフィケーションがブームになっているのには、理由があるのである。

また、ゲーミフィケーションについて知識があると、子どもの勉強だけでなく、自分自身の資格試験の勉強などにも応用できる。やりたくない、つまらないものにこそ、割りきったゲーム化が必要だ。仕事についても同様に、自力でゲーム化できる部分がある。

私は社会人の最初の三年間を、自動車部品メーカーで過ごした。そのときの仕事に、テレックスの打ち込みがあった。今で言うなら、メールの清書係と言ったらいいだろうか。

すでにある文章をキーボードで打つというその部分だけを抜き出したら、じつに退屈な仕事である。飽き性の私に続くはずがない。そこで私はその仕事にゲーム的なルールを設けた。同じことを伝えるなら、できるだけ短い言葉を使うというものだ。当時は、送る文章が長ければ長いほど通信料金がかかるので、短くすることには経済的な合理性もあった。

もちろん、そこで通信料金を減らしたところで私にボーナスが出るわけではないのだが、ちょっとした工夫でクリアできそうな目標を設定したことで、退屈なテレックスの打ち込みという仕事が、面白いゲームに変わった。テレックスでは英語を使うのがルールなので、英語についても必然的に勉強するようになった。その後、外資系企業の社長になるとは思っていなかったが、結果として、遊びながら英語を学んだことになる。

■子どもにはとにかく遊ばせよ

幼い子どもがいる人にとって、最も面白い遊びは子育てだ。子どもを連れて出かけられる場所は、子どもが物心つかないうちや、十代後半を過ぎるとぐんと狭まる。

五歳くらいから十二歳くらいまでが、子どもをいろいろなところに連れ出せる時期だ。七歳の子どもならちょっとしたレストランへ行くことはできるが、乳幼児お断りという店もある。七歳の子どもとは市民プールに一緒に行けるが、子どもが十八歳になると嫌がるだろう。だから、この時期を逃すと一緒にできることが激減する。この時期に親として何もしないのは、人生最大の遊びを手放していることにほかならない。

私は娘が幼い頃、とにかくいろいろな習い事をさせた。させたと言っても、こちらからすすめたのは水泳だけで、あとはやりたいと言うものを片っ端からやらせた。

ピアノ、乗馬、スキー、スキューバダイビング、ジェットスキー、もう忘れてしまったものも含めればいくつ挑戦させたかわからない。そして「やっぱり止めたい」と言われて止めたものがいくつあるかもわからない。乗馬については「厩舎《きゅうしゃ》が臭いから止めたい」と言われ、思わず納得してしまった。

もちろん、その分、スクールへの入学金を支払うことになるので出費はかさむが、そうやっていろいろと試すから、本人にぴったりの、楽しい遊びが見つかる。数を試さずにベストにたどり着くことはできない。子どものうちの習い事は、上達するためのものではなく、一生食っていける何かを探すためのものでもなく、「いろいろなものの中から好きなものを選び出す、その力をつけるため」のものなのだ。

この過程で子どもはもう一つ、大事なことを知る。それは「止めてもいい」ということだ。自分にとって大事ではないものがあること、それにはすぐに見切りをつけていいことを身をもって知っていることは、後々の人生で大きく役立つ。止めてもいいと知っていれば、ブラック企業に搾取されたり、「続けなければ」という義務感からメンタルを病んだりすることもなくなるのではないか。

ただ、唯一水泳は続けさせた。泳げるか泳げないかは、命に関わることだからだ。

また、泳げるということは、文字が読み書きできる、自転車に乗れる、自動車の運転免許を持っているのと同レベルのことである。文字が読めなければ読書は楽しめないし、自転車に乗れなければサイクリングやトライアスロンは楽しめない。また運転免許を持っていなければドライブを楽しめないし、場合によっては生活に支障を来す。では、年を取ってから読み書きを覚えたり自転車に乗れるようになったりすればいいかというと、そうも言えない。やはり、こういったことは吸収力の高い子どものうちに済ませておくべきだろう。

■旅は遊び探しのきっかけである

第1章でスマホとiPadから遊びを始めることをすすめたが、遊び探しにはもう一つ、うってつけのものがある。それは、旅だ。

旅に出ると、見える景色が変わる。接する人が変わる。寝る場所が変わり食べるものも変わる。これだけいろいろなものが変わって、行った人間が何も変わらないはずがない。何にも興味を持たないはずがない。

先日、初めて津軽へ行ったとき、何の気なしに「津軽藩ねぷた村」という郷土博物館に立ち寄った。するとそこでたまたま、津軽三味線の演奏を行っていた。訪れた人に体験してもらおうという趣向だ。私が行った日は妙齢の女性が演奏を担当することになっていた。その郷土博物館の従業員が趣味の三味線を披露するのかなと思っていたところ、演奏を聴いて驚いた。津軽三味線をほとんど聴いたことのない私にも、彼女がただ者ではないことがはっきりわかる演奏だったからだ。

あとで調べてみたところ、その女性は津軽三味線の全国大会で女性部門A級チャンピオン二連覇という経歴を持つ、ホンモノだった。

私は近々、津軽三味線のコンサートに行くつもりだ。都内ではどこで習えるのか、買うといくらくらいするのかも調べた。津軽であの演奏を聴かなければ、三味線にここまで興味を持つことはなかっただろう。ありがたい出合いであった。

そういった偶然の出合いを得られるのであれば、旅先はどこでも、期間は短くても構わない。『ぽけかる倶楽部』という軽い名称のサイトに集まっているような、工場地帯の夜景を見に行くような数時間の旅でも新しい何かが見つかるはずだ。出かけていく時間がないのなら、旅に関するサイトを見ているだけでも、その地元の景勝地や名物、祭りなどから刺激を得られるだろう。

本書の担当編集者は、妄想旅行を得意としているそうだ。現地について調べ、完璧な旅行プランをつくるのだという。自分が行く旅はもちろんのこと、他人の、それも自分も行ったことのない土地への旅のコーディネイトを買って出るほどなのだとか。あるときには、グーグルストリートビューで予《あらかじ》め現地を見過ぎていたおかげで、いざその場を訪れたとき、地図なしで街を歩けたという。

知らない街を歩くのが好きなタイプの旅好きは、こういったことはしないだろう。しかし彼女にとっては、旅に出る前の下調べこそが旅の醍醐味《だいごみ》。ここまでくると、これも立派な遊びである。

■観光以外の海外の楽しみ方

海外は観光のために出かけるところだと思っている人が多いかもしれないが、実はスポーツをしに行く場所でもある。日本国内で楽しむより、安い値段で、しかも良い環境で楽しめることがじつは少なくないからだ。

気楽なゴルフを楽しむ人は、グアムが好きなことが多い。日本から三時間半で到着するという近さが魅力なのだ。もちろんコースも多彩で申し分ない。

スキューバダイビングはサイパンかロタがいい。特に日本から三時間で着くサイパンには、グロットというダイビングにもってこいのスポットがある。

岩壁が海に浸食されていて、あちこちに海食洞という穴が空いているのだが、その穴が縦に空いているところがある。まるで天然のプールなのだが、深さが二〇メートル近くもある。

そこを真下へと潜っていくと、徐々に外の光が届かなくなり、暗くなっていく。このダイビングスポットが楽しいのはここからだ。じつは底の近くには、外洋に通じる横穴が空いているのだ。ここをそろそろと泳いで、広い海へ出る。このとき目に入ってくる光景や開放感は、言葉では言い表しにくい。

グロットは観光の名所でもあるので、多くの観光客が訪れるが、どうせなら潜ったほうが楽しい。海中で、先の戦争の名残を見ることがあるのも、このあたりならではだ。

■リゾートで退屈しない遊び

定年退職したら、一年のうちの何日かはリゾートでゆっくり過ごしたい。そう思っている人がいるなら、まずはそれに十分な資金を確保するのと同時に、リゾートで退屈しない遊びに今から親しんでおいたほうがいいだろう。年を取ってから新しいことを覚えるのはなかなか苦痛だが、以前やっていたことなら、スムーズに再開できるからだ。

スキューバダイビングやジェットスキー、乗馬などがそれに当たる。スキューバダイビングはそれまでに何本潜っているか、乗馬はそれまで何鞍乗《くら》っているかで、年を取ってからでも安定感を持って楽しめるかが決まってくる。だから老後をリゾートでと思っているなら、早めに始めたほうがいい。

リゾートで退屈することが想像できない人もいるかもしれないが、一週間、二週間も滞在すると、だんだんとすることがなくなってくるものだ。持参した本は読み尽くしてしまうだろうし、たとえばスキューバダイビングのライセンスを持っていたとしても、海が荒れることもあるだろうし、そればかりではさすがに飽きてくるものだ。

だから、広く浅く遊ぶに限る。私はクルーズ船に乗るのも好きだが、船にはたくさんのアトラクションが用意されていて、寄港地でいくつものオプショナルツアーが用意されている。だから飽きずに乗っていられるのである。もしもこういった工夫がなければ、どんなにゆっくりと過ごせる環境であっても、時間をもてあましてしまうだろう。

第5章

誰かに語るまでが遊びである

——キュレーションする作法

■アウトプットがインプットの質を高める

書評サイト『HONZ』をやってみてよくわかったことがある。それは、アウトプットが前提だと、インプットの質が高まるということだ。

書評を書こうと思っていると、疑問を残さないように読み込むとか、気に入ったフレーズのページに付箋を貼るとかいった工夫をするようになるので、漫然と楽しむ読書とは違う読み方ができる。仮に書評を書かなくても、書くつもりになって読んだ本の内容はよく理解できることが多い。

よくよく考えてみれば、仕事や勉強もそうである。わかったつもりでいても、他人に教える段階になって右往左往し「わかっていなかった」ことがわかることもある。だから書いたり教えたりというアウトプットは、自分の理解度・浸透度を測るバロメーターでもあるのだ。

遊びについても同じことが言える。もちろん、遊びは仕事でも勉強でもないので、アウトプットしなくてもいいのだが、アウトプットするといいことがある。

まず、第1章で書いたように、自分の頭の中を整理できる。

そして、同じ遊びを面白がってくれる人を見つけられる。世の中にはいろいろな遊びがあるので、同じ遊びをしたことがある人の存在は貴重だ。一緒にそれで遊ぶことをしなくても、話で盛り上がれれば、遊びの楽しさをより大きなものにできる。私は決まったメンバーとしかゴルフはしないし、プラモデルも自分のペースで組み立てたいので誰かと同じ空間で手を動かしたいとは思わないが、同好の士との情報交換は楽しいものである。

またアウトプットをすれば「この人はこんなことを面白がる人なのか」と思ってもらえる。語る内容がニッチで奇妙であるほど、聞く側に強い印象を残す。それが凡百《ぼんぴゃく》の市井《しせい》の人を、ちょっと面白い人に格上げする。

ランニングやマラソン大会に出場することを楽しみにしている人は多い。多過ぎるので、誰が走っていて誰が走っていないかは、走っていない私の頭の中では混乱しがちだ。

しかし、「一人箱根駅伝」に挑戦し、五区の途中で力尽きた人のことは忘れないと思う。

実行したのはＰＨＰの編集者だ。彼は、夜七時半に大手町の読売新聞社前をスタートし、たった一人で夜を徹して箱根駅伝と同じコースを走った。明け方に大磯のあたりを通過したときは、半分寝ていたそうだ。当然、往路を走りきるつもりだったのだが、四区を終え五区に入ってしばらく走ったあたりで観光客が多いのに気がついて「もういいか」と思い、ラストの山登りはせず、箱根湯本の温泉に入って帰ってきたという。

本人は不本意かもしれないが、山の神に挑まず温泉を選んだというのもじつに面白いエピソードだ。どのマラソン大会でどれくらいのタイムで走ったかよりも、聞いている側を楽しませる物語である。

その結果、聞き手が「そんなに面白いならやってみようかな」といった発言をしたなら、それは最高の褒め言葉。遊びの内容も、その魅力の伝え方も、素晴らしいことの証だからだ。

■「遊びならあの人」と間接的に言われよう

遊んでいる人は魅力的だ。第1章ではビジネスの世界で活躍している〝遊び人〟の名前を挙げたが、ほかにも、所ジョージやなぎら健壱などは、何をしていてもじつに楽しそうで、仲良くなりたいと思う人は多いだろう。いつも眉間にしわを寄せている人よりも、所系・なぎら系の人のほうが圧倒的に好かれる。アメリカ車にはあまり興味がなくても所ジョージのアメ車には乗ってみたい、なぎら健壱と下町の居酒屋を飲み歩いてみたいという人もいるに違いない。

この二人を目指そうとは言わないが、しかし周りの人から、アメ車と言えば所さん、下町で飲むと言えばなぎらさんと思い出してもらえるような、そんな存在になれたとしたら、かなり嬉しいのではないか。

まずは小さな遊びでもいい。あの遊びならあの人、または、ちょっと変わった遊び、粋な遊びならあの人といった具合である。

私なら、Excelのマクロが組める人とかPowerPointの資料づくりが上手い人と言われるよりも、そのほうがずっと嬉しい。

では、どうしたら私がちょっと変わった遊びをしていると知ってもらえるかというと、やはり自分から積極的に話すしかない。今、何に夢中になっているかを、いろいろな人に話すのである。

すると、その話を聞いた人のうち何人かは「面白いな」と思ってくれるだけでなく、私のいないところで「成毛さんって最近、こんなことにハマっているみたい」と言ってくれる。

この伝聞が、同じものを面白がる人、つまり同じ価値観を持っている人との縁をつくるのに、遠回りなようでじつは近道なのだ。

だから、自分が今、どんな遊びをしているかはどんどん話すに限る。誰にも話さずに遊ぶのは、遊んでいないのとほぼ同じだ。

■「歌舞伎ってどこが面白いんですか」

私は歌舞伎が好きでそれを公言しているので、「どこが面白いんですか」と聞かれることがよくある。そう聞いてくれる人に対して、歌舞伎好きしか知らないような専門用語を並べ立てての難しい説明は御法度《ごはっと》だ。それでは、「やっぱり歌舞伎は難しい」と思われてしまうだけだからだ。

私は、歌舞伎見物とは、花見のように祝祭気分を楽しみ、相撲見物のように「すごいものを観た！」と感想を持てれば十分だし、我が子の運動会のように「あの子役がもうこんなこともできるようになったんだな」と感傷にふけるのもいいし、音楽フェスのように、言葉はわからなくてもリズムやグルーブを楽しめればそれでいいと思っているので、そのように説明する。すると、大抵、興味を持ってもらえる。

そもそも歌舞伎には「退屈」「難しい」「堅苦しい」というイメージがつきものだ。課外授業の一環などで、強制的に観せられたことのある人ほど、そのトラウマを持っている。だから、説明するに当たっては、それらのイメージを払拭《ふっしょく》し「なんだ、そんなことでいいんだ」と安心してもらうべきだ。人間は、少し興味を持ったら、そこへ自ら進んでハマっていく。だからとくとくと魅力を語らなくても、悪いイメージを消すだけで十分なのだ。

それに、歌舞伎の魅力を一言で語るのは無理だ。それは大抵の遊びに共通することだろう。知っていれば知っているほど、好きであれば好きであるほど、短い時間ですべてを語るのは難しい。

「歌舞伎ってどこが面白いんですか」と同じくらい聞かれることに「祇園町ってどういうところなんですか」というものがある。これもまた、一言で答えるのが難しい質問だ。

だから私は「通えば通うほど、まだまだ自分は祇園町について知らないな」と思わされる場所だと答えている。実際に、そうなのだ。行って話を聞くたびに「あ、そうだったの」と思わされる。だからこそ面白いのだ。すぐにすべてがわかってしまう遊びは、暇潰しにはなるかもしれないが、面白くない。

こう説明すると祇園町について興味を持つ人が必ずいる。あとはその人がそこにハマれば、一緒に出かけていくまでだ。

■アウトプットは数を重ねよ

日頃生活していればわかるように、同じ現象でも面白く語れる人とそうでない人がいる。その差は天性のものによって左右される部分がないとは言わないが、決定的なのは場数を踏んでいるかどうかである。プレゼンが上手い人は、プレゼンの練習や本番の数をこなしている人であるのと同じで、面白い話を面白く話すには、何度も話すしかないのだ。これが仕事の話だとうんざりする人もいるかもしれないが、好きな遊びの話なのだから何度でもできるはずだ。

問題はその話の練習を、誰に向かってするかである。単に回数を重ねるだけでなく、フィードバックを得られないと話術は向上しない。

私の場合は、家で妻に話をすることが多い。私の印象では、女性は話を聞き流す能力に秀でている。妻はまったく聞いていない様子は見せないので、こちらとしても遠慮なく話すことができる。そしてときどき、強い関心を示すことがある。つまり彼女はそこを面白いと思ったということだ。

その反応を見て私は「聞いている側は、ここを面白いと感じるのか」と気がつく。なので、ほかの人に話すときはその部分を強調するようになる。そこで得られる反応から、また話し方を工夫する。

部下を相手に練習するのは厳禁だ。部下は上司の話であればどんなにつまらない話でも盛り上げて聞こうとするものなので、その反応を真に受けていると勘違いする。

相手を選んで話の練習をしていれば、楽しく話せる人の完成である。

SNSに書くのもいいだろう。私のようにSNSで他人の趣味をのぞき見たい人にとっては大歓迎だし、仲間も探しやすいに違いない。

HONZ設立初期、私はレビュアーを一本釣りしていた。自分のブログに面白い書評を書いている人に直接メールを出し、一緒にやりませんかと声をかけたのだ。もしその人が自分の日記に書評を書いていたら生まれなかった縁が、オープンな場で書いていたことによって生まれたのである。

狙ってやろうとすると難しいだろうが、期待せずに書いていると、意外な作用を生むこともあるのだ。

■自分のためのライフログからキュレーションへ

今や、ランニングが趣味だからとストップウォッチを持って走る人はいないだろう。時計すら身につけていない人のほうが多いのではないかと思う。スマートフォンにアプリを入れておけば、どこからどこまで何キロ走ったか、タイムは、ペースはどうだったかを自動的に記録して、ランニングのログをつくってくれるからだ。

こういったログは、使う側が意識しなくても残せるようになっていることが大半だ。

SNSにいろいろと書くのが面倒という人も、これなら続けられるだろう。

アマゾンで買い物をしたことがある人ならわかるだろう。過去に何を買ったか、それを注文したのはいつなのかが、自動的に記録されている。記録されていると、何かと便利である。どんなペースで何を買っているか、アマゾンで月にいくら使っているかだけでなく、買ったものの正式な名称やメーカー名がわかるからだ。

わかると、人にすすめやすい。「前に買った、名前はわからないけど……」ではなく「どこどこのメーカーの、何というものが良かった」「それに比べると、これは今一つ」など、的確にキュレーションができるからだ。

飲食店の情報サイト、たとえば『食べログ』や『Retty』などに何かコメントするのなら、誰かにそれを読んでもらうために気合いを入れて作文するよりは、自分用のメモとして、フラットに記録しておいたほうがいいと思う。そうすれば、あとで見返したときにもフラットに比較できるからだ。

ライフログを取ることを考えると、自分にとっての定番サイトをつくるべきだ。買い物ならここ、ホテルの予約ならここ、グルメならここといった具合である。それぞれの分野で便利なサイトがいくつもあるのだから、ライフログはその便利なサイトに分散させておけばいい。文字を入力するのが面倒なら、レイティングをするだけでもいい。

ただ、あまりに整理されていないサイトは考え物だ。たとえばレシピサイトの中には、同じようなメニューを別メニューとカウントしていたり、評価コメントが短過ぎて、その評価者が何を基準としているかが曖昧《あいまい》だったりするところもある。こういったS／N比（信号雑音比）の低い、つまりノイズの多いサイトから得られるものは多くない。

だからといって、あらゆることを自前でやろうとするのも考え物だ。これは、買い物と宿とグルメの情報を自分のブログにまとめようとしてはならないという意味だ。それでは手間がかかって飽きるのが目に見えている。ブログなどにまとめるべきは、それ用の便利なサイトがないときだけだ。

気楽にライフログを残すことは、前の項で触れたSNSでの発信の下準備にもなる。

アマゾンの買い物の履歴などはほかの人からは見えないが、アマゾンのレビューや食べログの口コミなどは、ほかの人のものも見ることができる。

これが、案外参考になることが多い。

私がよく参照するのは、JTBの『とっておき旅情報』だ。ほかの旅サイトやガイドブックよりも、濃くてリアリティのある情報を得られることが多いからだ。SNSにはない、本音が書かれているような気もする。『エクスペディア』や『トリップアドバイザー』もいいが、旅のおおまかなプランをつくるときには、『とっておき旅情報』がいい。

他人のライフログを参考にする場合には、それが書かれた日付に注意が必要だ。特に宿や飲食店は、あるときまでは良くても、経営者や料理人が代わってからとたんにダメになることがあるからだ。高評価はいつ与えられたものなのか確認しないと失敗してしまう。

■何をキュレーションするかで人物がわかる

「どんなものを食べているか言ってみたまえ。君がどんな人間であるかを言いあててみせよう」――これは稀代《きだい》の美食家ブリア・サヴァランの言葉だが、遊びについても同じことが言える。どんなことが好きか、また、どんなことを好きと口にするかでその人の人となりがよくわかる。

どんなことが好きかと、どんなことを好きだと人に伝えるかは、違う。それが他人にどう聞かれるか、どう映るかを意識しているか、いないかの大きな差がある。

読書が好きという経営者の中に「司馬遼太郎が好き」という人は少なからずいる。愛読書に『坂の上の雲』を挙げる人も、二十一世紀となって久しい現代日本にも多数存在する。私も司馬遼太郎の作品を読んだことがあるし『坂の上の雲』は確かに面白いと思うが、それをベストだと口にすることはない。それは、もっとほかに面白い本があるからでもあるし、「成毛さんは、『坂の上の雲』がこの世で一番面白いと思っている人なんだ」と思われるのが嫌だからだ。

何が好きかを表明すること、何をキュレーションするかは、その人のイメージ形成に大いなる影響を与える。また、同じ司馬遼太郎好きでも、大学生と経営者とでは、やはりそこに生まれるイメージは異なる。

私は『イノベーションのジレンマ』（クレイトン・クリステンセン著、翔泳社）や『ザ・

ゴール』（エリヤフ・ゴールドラット著、ダイヤモンド社）といった、ベストセラーのビジネス書のことも、愛読書として挙げることはない。

こういった本は私にとって読んで面白い本というよりは、押さえておくべき本であって、これらを読むことは毎朝ひげを剃る行為に似ている。仕事の相手との会話を最低限成立させるためのマナーとして、読んでいるのである。だから、こういった本を力強くすすめる人に遭遇すると、なぜひげ剃りをそんなにすすめるのだろうと戸惑ってしまう。

SNSでも、芸能ニュースやオカルトの話題にばかり飛びつく人や、国際社会や技術に関する話題に積極的な人とでは、やはり見え方が異なる。何が好きかを表明するということは、自分がどんな人間かを白日の下にさらしてしまう。サヴァランが言っていることは、じつに正しい。

なお、私がHONZでキュレーションするのは、あまり人に知られていない、でも読むと知的好奇心を強く刺激される本ばかりだ。みんなが読んでいるものより誰も読んでいないもの、「へえ、そんなに面白い本があるんですか」と言われるような魅力のあるものが好きなのだ。これは私の性格そのものだし、できれば親しい人にはそういう本を見つけ出してくる人だと思ってもらいたいと考えている。

■逸話は意識してでもつくれ

私は以前、スキューバダイビング中に、海底で眠ってしまったことがある。あまりに心地よいので、ついうとうととしてしまったのだ。短時間であったので、体にダメージはなかったが、海底で眠るという自分にあきれた。しかし、この話はウケるのではないかと嬉しくもなった。そこでさっそく、スキューバダイビング経験のある友人に披露すると「それはよくあること」と言われてしまった。がっかりだ。

ただしこれは、話してみて初めてわかったことである。もし話していなかったら、私は海底で眠った数少ない人間のうちの一人だと勘違いしたままだっただろう。

誰に話しても「へえ」と言ってもらえるエピソードもある。

私はジャズのレコードの、いわば本における初版だけを集めている。購入するショップはいつも決まっているが、私はそこの店主と一度も会ったことがない。

話は十数年前に遡る。音楽を買うと言えばCDを買う時代で、まだ、今のようなアナログレコードブームは起こっていなかった。CDは音をサンプリングしているので、演奏されたままの音ではないと言われつつ、しかし、急速にレコードからCDへのシフトが進んでいた。

この頃は、おそらくまだ日本にアマゾンも楽天もない時期で、小売店がネット通販をしたければ、自社サイトをつくるしかなかった。

その店のサイトは、際立っていた。サイトのデザインがいいし、レコード一枚一枚に対する説明が丁寧で、高い値段をふっかけるタイプの店でないことは一目瞭然だった。

そこで私は、レコードの買い付けをこの店主に一任することにした。ジャズレコードに関しては、探すこと・買うことより、集めることが私の楽しみだったのである。

最初の相談は、ブルーノートのレコードをひとまず一〇〇枚集めたいというものだった。そしてまとまった金額を預けることにした。

すると店主から、ブルーノートもいいけれど、初版盤を買ったらどうかとメールでアドバイスをもらい、それに切り替えた。以来、今日まで、ある程度集まったら送ってもらい、こちらも資金を用意するというスタイルである。

私はその店に行ったことがないし、店主の顔を見たこともない。姓名は知っているが、性は知らない。おそらく男性だとは思うが、確信は持てない。聞いてみたい気もするのだ、年齢とか、ジャズ以外の趣味とか、この仕事を始めて何年なのかとか。

しかし、もう、ここまできたらプライベートは一切知らないまま、黙々とレコードを彼（たぶん）から買いたいと思っている。もし彼（たぶん）と会うことがあるとしたら、それはBSジャパンの『極上！お宝サロン』の最終回にゲストとして登場するときではないかと思っている。

この話には、続きがある。

私はこうやってジャズレコードを集めていることをあちこちで話していた。話す目的はコレクション自慢ではなく、不思議な縁で結ばれた人からレコードを買っていることを面白がってほしいからだ。

すると、あるとき、ある人から「ジャズではないのだけれど」と連絡を受けた。連絡をしてきたのは私がマイクロソフトにいたとき以来の知り合いで、彼は当時は大手ＩＴ会社に勤務していたが、その後、老舗のレコード会社の経営再建を任されていた。彼が言うには、そのレコード会社の試聴室にある古い歌謡曲のレコードの処分に困っているそうなのだ。試聴盤なので著作権の関係もあり、中古で売るわけにはいかず、処分するにもお金がかかる。そこで私に声がかかったのだ。

歌謡曲には興味がないので困ったが、タダだというので、引き受けた。聞くところによると最近は歌謡曲ブームである。もしかするとそのレコード会社は私に試聴盤を渡さず、持っておいて試聴室を一般に開放し、一曲いくらで聴かせるというビジネスを始めたほうがよかったのではないかと思うのだが。それはさておき、ふと思いついてジャズのレコードを集め始めたことが、今のようになっているのだから、不思議なものだ。

儲けようと思わずに集めたもの、始めたことが意外な成果につながることがある。

知り合いの日経ＢＰの編集者である柳瀬博一さんが、三浦半島にある小網代《こあじろ》の森の整備を始めたのは三十年前のことである。ＮＰＯ活動として、週末にナタや大きな木槌《きづち》などを使って、人力で流域全体を健全な状態に回復させたのは今年に入ってからのことだ。三十年もかかったのは、この流域全体が七〇ヘクタールもあるからだ。彼は専門家として本を書き、『ほぼ日』やラジオなどでも積極的に発信し始めた。まさか最初からそれを狙っていたとは思えない。好きで続けていたことが偉大な成果を挙げたという好例だろう。

習い事に通って何かの師範やインストラクターの資格を取っても、それを副業にしたり、本を出したりということはできないだろう。かえって、ほかの人がやらないことをやったほうが、ビジネスにつながるかもしれないのだ。

■遊んでいれば昔話をしなくて済む

遊びについて語るとき、それを自慢話にしてしまうと、大抵の場合ウザがられる。遊びに限ったことではなく、人に何かを語るときは、謙虚な姿勢で、相手が興味を持って聞いているか、飽きていないかなどと反応をうかがいながら、失敗談などを織り交ぜて、楽しく語りたいものだ。

それでもどうしても自慢話をしたいなら、相手も自分も十分に酔ってからするに限る。相手が適当に聞き流してくれるからだ。

自慢話と同じくらい嫌われる話がある。それは昔話だ。

その現場を共有していた人と一緒に思い出話で盛り上がるのは別だが、その場にいる人が誰もわからないような、仕事における武勇伝などはかなり嫌われる。なぜなら、まったく面白くないからだ。

特に年長者の武勇伝は時代遅れも甚だしいことも多々あり、聞いているほうはつまらないどころか苦痛になることさえある。

なぜこんなことになってしまうのかというと、その人には新しく楽しい話ができるだけの最新のインプットがないからだ。別の言い方をすれば、新しい遊びをしていないから。それに尽きる。

考えてみれば、話が面白い人は次々に新しい話題を繰り出してくる。その話の多くは巷《ちまた》でよく見られる雑談のためのネタ本から仕入れたものとも、ＳＮＳやまとめサイトで話題になっているものとも違う、その人からしか聞けないものだ。

もちろん、人に新しい話題を提供するために遊ぶというのでは本末転倒だが、広く浅く遊んでいれば「いつも同じ話をする人」というレッテルを貼られることはなくなる。

■遊びの話は、どんどん盛っていこう

好きなことの話をしたほうがいい理由は、もう一つある。楽しい話をすればするほど、人生が楽しくなるのだ。

こんな経験はないだろうか。

高校時代の友人とその当時の思い出話を繰り返しているうちに、記憶が書き換えられてしまうといった類のことだ。

記憶はじつに曖昧なものだ。だから少し「盛って」話しているうちに、その盛った状態が正しい記憶としてすり込まれてしまう。その記憶をさらに盛ると、またそれが定着する。

昔話の楽しさ、面白さは、こういった盛りの応酬の結果だと私は思っている。話せば話すほど面白いから、またその話をしようとする。だから、一度信号無視をしただけなのに、それがいつの間にか警察に補導されたとか、海外旅行先で現地の人と目が合っただけなのに親友になったとか、だんだんと思い出がメガ盛り化してしまうのである。

もしもこのメガ盛りが、自分の経歴や、自動車の燃費実験や建物の耐震性の計算結果などで起きてしまったら大変だ。しかし、プライベートな楽しい記憶を、より楽しい記憶に書き換えるくらいなら、罪はないのではないかと思う。どんどん口にして自分の耳で聞き、盛っていけばいい。

旅行の思い出を「楽しかった」「面白かった」と反芻《はんすう》すると、実際には退屈でつまらなかった旅行でもだんだんと楽しくて面白かったような気がしてくるものだ。

逆に、楽しかったはずの旅行のちょっとしたトラブルばかりを思い出していると、その旅行全体がトラブルだらけだったように思えてしまう。であれば、いい思い出だけ語りたい。

好きなことの話をするのにも、同じ効果が期待できる。好きな遊び、夢中になっている趣味の話をすれば、ますますその遊び、趣味が楽しくなる。

ただ、同じ人に同じ話を繰り返すのは相手に迷惑なので、誰に話したかくらいは覚えておいたほうがいい。注意するのはそれくらいだ。あとはどんどん、好きな遊びをもっと好きになれるよう、楽しく話せばいい。

おわりに

　この本に実名や匿名で登場する各出版社の編集者のほとんどは、仕事で知り合った人たちばかりだが、親しくなってみると、じつに多彩な遊びを楽しんでいる人たちであることがわかった。編集者がすべて楽しく遊んでいる人たちばかりとは思えないし、つまらなそうな編集者がいることも知っているので、私の周りにいる編集者が、特に遊び上手ということなのではないかと思っている。本著への登場を快諾してくれた遊び心のある編集者の皆さんに感謝したい。

　先日、仕事帰りに思い立って、東京・日本橋のたもとから船に乗った。定員四〇名ほどの、小さな遊覧船である。さまざまな橋の下をくぐりながら神田川を往《い》くと、江戸時代の人々の気持ちとはこういうものなのかなと思え、楽しかった。水面《みなも》の揺れに体を任せるとリラックスできることも、久しぶりに思い出した。

東京の水路が整備され始めたのは、江戸時代である。屋形船は、江戸の風物詩の一つであったとされている。特に現在の隅田川、当時の大川の夕涼みは江戸の人々のとっておきの夏の遊びであった。その様子は歌川豊国の『江戸両国すずみの図』にも描かれているし、落語『船徳』は、船頭に憧れる青年が登場する、夏の定番の噺《はなし》だ。

江戸の時代が終わって百年以上経ってもなお、当時のような気分を味わえるのはありがたいことだ。そんなことを考えながらも、船の上でスマホを取り出し古地図を表示してみたり、近くにどんな船がいるかを確かめたりもしている。現代は、いい時代である。

日本人がまるで遊ばなかった時代がある。第二次世界大戦中だ。開戦当初は中国大陸にいる兵士のためにと、紙製の将棋などを入れた慰問袋を送れる余裕もあったが、戦況が悪くなるとそれも止まり、政府は国内で遊び道具をつくることに制限を設け、事実上マージャン荘やビリヤード場の営業を禁じた。

その当時に販売が許されたのは、『戦争将棋』や『愛国百人一首』など、その名前を見ただけで内容が想像できそうなものばかりだ。今となってはそれがどんな遊びだったのかに興味も湧くが、しかし、それしか選択肢がないというのは想像するだけでうんざりだ。

その時代に比べると、今はどんな遊びもできる。その人が遊ぶとさえ決めればいくらでも遊べる現代は、じつにいい時代である。

さあ、どんどん遊ぼうではないか。

平成二十八年六月吉日

成毛 眞

PHP
Business Shinsho

成毛 眞(なるけ・まこと)

1955年、北海道生まれ。79年、中央大学商学部卒業。82年、株式会社アスキーに入社後、株式会社アスキー・マイクロソフトに出向。86年、マイクロソフト株式会社に入社し、OEM営業部長、取締役マーケティング部長などを経て、91年、同社代表取締役社長に就任。2000年に退職後、投資コンサルティング会社「インスパイア」を設立。現在は、早稲田大学客員教授、スルガ銀行社外取締役ほか、書評サイト『HONZ』の代表を務める。
近著に、『これが「買い」だ』(新潮社)、『ビル・ゲイツとやり合うために仕方なく英語を練習しました。』(KADOKAWA/中経出版)、『教養は「事典」で磨け』(光文社)、『情報の「捨て方」』(KADOKAWA/角川書店)などがある。

編集協力……片瀬京子
本文デザイン・DTP……桜井勝志(アミークス)
装画……南暁子

PHPビジネス新書 361

大人はもっと遊びなさい

仕事と人生を変えるオフタイムの過ごし方

2016年7月29日 第1版第1刷発行

著者 成毛 眞
発行者 小林成彦
発行所 株式会社PHP研究所
東京本部 〒135-8137 江東区豊洲5-6-52
ビジネス出版部 ☎03-3520-9619(編集)
普及一部 ☎03-3520-9630(販売)
京都本部 〒601-8411 京都市南区西九条北ノ内町11
PHP INTERFACE http://www.php.co.jp/
装幀 齋藤 稔(株式会社ジーラム)
編集協力 株式会社PHPエディターズ・グループ
印刷所 共同印刷株式会社
製本所 東京美術紙工協業組合

 ISBN978-4-569-83094-0

「ＰＨＰビジネス新書」発刊にあたって

わからないことがあったら「インターネット」で何でも一発で調べられる時代。本という形でビジネスの知識を提供することに何の意味があるのか……その一つの答えとして「**血の通った実務書**」というコンセプトを提案させていただくのが本シリーズです。

経営知識やスキルといった、誰が語っても同じに思えるものでも、ビジネス界の第一線で活躍する人の語る言葉には、独特の迫力があります。そんな、「**現場を知る人が本音で語る**」知識を、ビジネスのあらゆる分野においてご提供していきたいと思っております。

本シリーズのシンボルマークは、理屈よりも実用性を重んじた古代ローマ人のイメージです。彼らが残した知識のように、本書の内容が永きにわたって皆様のビジネスのお役に立ち続けることを願っております。

二〇〇六年四月

ＰＨＰ研究所

PHPビジネス新書　既刊紹介

320 世界のリーダーに学んだ自分の考えの正しい伝え方　橘・フクシマ・咲江
321 ［改訂版］わかる！　会社法　小林英明
322 外資系とMBAに学んだ「先を読む」会話術　理央　周
323 トヨタのリーダー　現場を動かしたその言葉　若松義人
324 リーダーのための「レジリエンス」入門　久世浩司
325 文章は読むだけで上手くなる　渋谷和宏
326 アジア・シフトのすすめ　田村耕太郎
327 なぜ、優れたリーダーは「失敗」を語るのか　佐々木繁範
328 史上最強のCEO　イーロン・マスクの戦い　竹内一正
329 まかせる経営　重永　忠
330 不毛な会議・打ち合わせをなくす技術　齋藤　孝
331 ビリー・ビーン　弱者が強者に勝つ思考法　桑原晃弥
332 ビジネスプランニングのリアル・ノウハウ　冨山和彦／経営共創基盤
333 最新のネーミング強化書　髙橋　誠
334 ハーバード流　幸せになる技術　悠木そのま
335 リーダーは夢を語りなさい　矢部輝夫
336 「ROEって何？」という人のための経営指標の教科書　小宮一慶
337 実力派たちの成長戦略　山本真司
338 GEの口ぐせ　安渕聖司
339 「辞めさせない」マネジメント　石田　淳
340 すべての組織は変えられる　麻野耕司
341 ［三訂版］わかる！　使える！　労働基準法　布施直春
342 上司の9割は部下の成長に無関心　前川孝雄
343 国も企業も個人も今はドルを買え！　藤巻健史
344 「名目GDPって何？」という人のための経済指標の教科書　小宮一慶

M06 社員稼業 松下幸之助
M07 人を活かす経営 松下幸之助
M08 人間を考える 松下幸之助
M09 事業は人なり 松下幸之助
M10 日本と日本人について 松下幸之助

——以下、続刊

PHPビジネス新書

IGPI流

ローカル企業復活のリアル・ノウハウ

冨山和彦／経営共創基盤　著

地方は衰退するものという認識は間違いだった！　日本経済復活の鍵を握るローカル経済・企業を活性化するための実践論を提示する。

定価　本体八九〇円（税別）